超額徵收

都市計畫？或炒作土地、侵害人權？
揭開區段徵收的真相

這本書獻給已故張森文和朱炳坤先生.

「近年來，台灣的土地徵收引發許多爭議，其中尤以區段徵收的爭議最多，並且引發許多街頭抗爭。台灣區段徵收爭議的討論範疇雖然很廣，但卻極少探討區段徵收的本意。《超額徵收》一書，雖然是1917年的舊書，確正好填補了台灣在這方面的空白。在《超額徵收》一書中特別提出，區段徵收不是完全不能實施，但以區段徵收做為政府財政收入工具，絕對是一種誤謬。目前台灣實施區段徵收的時機很多，其中許多時機與政府財政收入有關，正可藉由本書的論點來檢討台灣的區段徵收。」

　　　　——李承嘉（臺北大學不動產與城鄉環境學系教授兼校長）

「土地徵收是國家對個人財產權的剝奪，在民主法治與極權專制國家也採行不同方法，國家可否利用區段徵收以遂行其租稅收入之目的，方法與手段是否選擇最小之損害，或有其他更好之替代方案，是否符合憲法第23條之規定等等，都值得我們深思。本書可提供我們思考與判斷上之重要參考價值。」

　　　　——楊淑文（國立政治大學法學院教授）

「土地徵收是國家取得土地的最後不得已手段，必須基於公益性、必要性、區位不可替代性之原則，依法定程序為之，並給予公平合理的完全補償，否則不得為之。而區段徵收是土地徵收的一種，自當依循上述原則行使，但我政府當局往往將之視為一定區域內土地全部予以徵收整體開發、自籌財源的農地變更使用手段，其實已經逾越憲法保障人民財產權之分際，而有重新檢討之必要。今《超額徵收》一書的出版，不僅讓人瞭解到實施超額徵收的原由，從解決殘餘地問題、增進公共建設效能，到獲得增值

利益不等，更警惕我們當須深省現今區段徵收的合憲性，是一本地政、公共政策、法律界學者專家、執行業務公務員，以及初學者不可或缺的研習專著，謹此特予推薦，值得一讀再讀！」

　　　　　　　——顏愛靜（國立政治大學地政學系退休／兼任教授）

「上世紀初在歐美即已飽受批判的超額徵收制度，近年來卻因著新自由主義式土地掠奪在全球擴張鞏固，而重現於各國的土地政策。讓這本百年前的鉅著，至今仍振聾發聵，值得我們精讀省思，啟發我們對徵收法制的檢討。」

　　　　　　　　　　——范雲（國立臺灣大學社會系副教授）

「很希望台灣的土地被徵收人及社會弱勢都能認清局勢，我們根本就不是活在一個民主立憲的國家，若以浮濫的土地徵收為例，我們其實是活在一個『以自由民主及愛台灣為名，實質卻是進行土地及人權掠奪』的類社會主義共產國度！這部《憲法》根本無法保護社會弱勢及其家園，當權者完全忽視《憲法》的存在，並恣意掠奪及侵害我們的權益，我們每一個人其實都是排隊等著當那個被掠奪的少數，有許多人排在前面，而且已經很不幸的遭遇到了。」

　　　　　　　　　——徐世榮（國立政治大學地政學系教授）

「用公權力協助權貴財團掠奪平民土地」是台灣炒房炒地國家政策的第一環。想了解當前台灣土地掠奪政策嗎？請看這本批判19世紀歐美國家『超額徵收』的鉅著。21世紀台灣，19世紀人權。早已被文明國家摒棄的這些侵犯人權政策，目前正在台灣以前瞻

的『公共利益』為名，大規模、加速發生！別以為『超額徵收』和自己沒關係，每個人都有機會遇到！」

——陳致曉（台灣土地正義行動聯盟理事長）

「超額徵收，目的是想要攫取超額利潤。閱讀本書，就可以知道台灣地方政府為何不顧人民反對、農民抗議，一直樂此不疲。這本《超額徵收》，不僅值得全民閱讀，更是從政者都應該仔細閱讀看，並引以為鑑的好書！」

——詹順貴（苗栗大埔徵收案環境律師）

「台灣不當徵收，讓已非少數的人民在自己的土地上流離、傷心、甚至死亡，而不分黨派的政客們至今仍為所欲為地以『發展』之名為徵收利器，不斷地揮斬人民家園的根基，關心不當徵收及受迫害者，如何援助及自救——就從閱讀此書開始吧！」

——林子淩（惜根台灣協會秘書長）

「在全球生態多樣性枯竭、自然資源超限利用、氣候變遷的威脅之下，國土自然保育、永續發展已是國家發展之必須策略。然近年來台灣仍動輒以區段徵收浮濫開發，將珍貴的農綠地、人民珍視的家園轉為可炒作之建地，此乃不永續、不生態、不正義之愚蠢作為。藉由對區段徵收制度來源之認識，期待《超額徵收》為台灣之短視敲一警鐘！」

——廖桂賢（臺北大學都市計劃研究所副教授）

「庫斯曼教授的《超額徵收》一書，為我們提供了重要的歷史借

鏡，讓對區段徵收早已習以為的台灣，得以重新思考其正當性與
合理性。」

　　　　　　　　──黃信勳（法鼓文理學院環境與發展碩士學位
　　　　　　　　　學程助理教授兼心靈環保研究中心主任）

目次

廢除區段徵收制度

徐世榮（國立政治大學地政學系教授）

　　十年前，苗栗大埔區段徵收及張藥房強拆事件造成多人犧牲，引發社會龐大的關注，在那之後，還有許多類似的個案，也都引發土地被徵收人的強烈抗爭，如桃園航空城、林口A7、新北八里台北港、淡海新市鎮、竹北台知園區（璞玉計畫）、竹東二三重埔、台北社子島等，而目前還有不少尚未曝光的區段徵收規劃案，未來若真的都付諸實現，恐怕也皆會走上激烈抗爭一途，勢必又引發社會的爭議。很清楚的，區段徵收的實施已成為一個嚴重的社會問題，在這個時刻，台灣社會亟需趕快理解什麼是區段徵收、它的歷史源由、並辨明這個制度的實施是否有其正當性、合理性、及合憲性，而這也是翻譯這本發表於一世紀之前（1917年）重要著作的主要目的。也就是說，本人主張台灣嚴重侵害基本人權的區段徵收乃是源自於十九世紀的超額徵收（Excess Condemnation），我們很有必要知道它過去在歐洲及美洲到底是

如何的被施行及被放棄，而這也是國內土地徵收學術界及實務界完全忽視的一個面向，必須盡快予以填補。

一、台灣土地徵收分類及區段徵收的定義

　　各國的土地徵收分類並不相同，台灣土地徵收大抵分為三類：一般徵收、殘餘地徵收（或稱附帶徵收、一併徵收）、及區段徵收。所謂的一般徵收，即國家基於興辦公共建設或公益之需要而徵收私有土地，原則上徵收所取得的土地必須全部供公共建設計畫所用，即所謂的「公共使用」，這規定於《土地法》第208條及《土地徵收條例》第3條。但很不幸的，台灣的一般徵收如今卻也出現超額徵收的現象，如台南鐵路東移即是一例。

　　至於殘餘地徵收，乃是指因為在實施一般徵收之後，由於只取得被徵收地塊的部分土地，致使原地塊在土地徵收之後恐會出現零星不全的殘餘地，這些殘餘地由於面積很小或形狀不整，致使無法做有效的利用，因此允許政府在特殊的情況下予以徵收，之後再經過土地的整合及重劃，或可以提高其土地使用價值。由於殘餘地並非興辦公共建設所需，它是屬於所需土地範圍之外的接連土地，若依法理，原則上應該要嚴格禁止徵收，但是為了促進土地利用而有特殊之考量。依《土地徵收條例》第8條規定，徵收土地之殘餘部分，因面積過小或形勢不整，致不能為相當之使用時，所有權人可以向政府申請一併徵收。因此，台灣原則上是禁止進行殘餘地徵收，必須要在土地所有權人申請的情況下，政府才考量是否要進行徵收，由此或可見台灣土地徵收是採取嚴格的限縮主義，這一點非常的重要，而這也與美國的經驗相似。

然而，區段徵收卻是與這個嚴格限縮主義完全牴觸，區段徵收制度竟然允許政府可以進行大面積的土地徵收，而這些徵收往往是與興辦公共建設無關。不僅如此，政府甚至可以將徵收來的土地再出售給其他私人，而這明顯與前述一般徵收原則上必須是供公共使用的目的不相符合。台灣的區段徵收是個非常特殊的制度，它為台灣所獨有，現今在國外並不多見，它的定義為何？又從何而來？都有深入探討的必要。

　　在中華民國土地徵收的法制史中，區段徵收最早出現於1930年所制訂的舊《土地法》中，該法後來於1946年做全面的修訂，成為現行的《土地法》。區段徵收的定義乃是規定於第212條第2項，「謂於一定區域內之土地，應重新分宗整理，而為全區土地之徵收」。這個定義很不明確，如同是沒有定義一般，但是它卻賦予了政府非常大的權力，可以隨意進行徵收。其立法緣由有一說是為了仿照十九世紀德國人於中國膠州灣租借區之開發前例，在地方建設開始之前，就由政府先行「照價收買」擬建設地區之全部土地，防止私人壟斷土地。惟當時是否有真正實施？似無充分歷史文獻予以證實；再者，在中華民國成立之後，要政府付出高額價金來進行全區的照價收買，至今也是未曾出現過。因此，何謂區段徵收，更要由使用區段徵收的目的及徵收後的土地處置方式來予以理解。

　　根據《土地法》第212條第1項規定，區段徵收之目的有三：「一、實施國家經濟政策。二、新設都市地域。三、舉辦國防設備或公用事業。」這已經是非常的寬鬆，但《平均地權條例》則更是予以擴張，在第53條第1項規定：「一、新設都市地區之全部或一部，實施開發建設者。二、舊都市地區為公共安全、公共

衛生、公共交通之需要或促進土地之合理使用實施更新者。三、
都市土地開發新社區者。四、農村社區為加強公共建設、改善公
共衛生之需要、或配合農業發展之規劃實施更新或開發新社區
者。」再者,《土地徵收條例》第4條除了有類似規定外,另外
又加上「非都市土地實施開發建設者」也都是可以實施區段徵收。
此外,在前述三個法律之外,則更有十二個法律規定可以進行區
段徵收(楊松齡,2019: 642-5)。觀其內容幾乎是無所不包,這
使得台灣每一塊土地大抵都是區段徵收可以涵蓋及實施的場域,
非常的恐怖。

　　區段徵收的另一個重要的定義,則是顯現於徵收後的土地處
置方式。它隱藏於目前已刪除的《土地法》第218條:「政府為
區段徵收之土地,於重新分段整理後,將土地放領、出賣或租賃
時,原土地所有權人或土地他項權利人有優先承受之權。」為了
避免優先承受權所帶來的行政困擾,這個法條後來雖然被刪除,
但是它的前半部則是由其他相關法規來予以承接並發揚光大。如
《平均地權條例》第55-2條規定,區段徵收後,除了公共建設用
地及發還給被徵收人的抵價地之外,「其餘可供建築土地,得予
標售、標租或設定地上權」,相同的規定也出現在《土地徵收條
例》第44條。這表示政府在區段徵收後,除了所需的公共建設用
地外,還可以因為財政的目的,而多徵收私有土地來予以出售,
這些出售的土地即現在俗稱的「配餘地」。

　　因此,區段徵收轉變成政府強制以土地徵收的手段來進行土
地開發,1986年《平均地權條例》修訂時,在修法的解釋理由中
將其定義為:「本質雖仍為政府以公權力強制取得土地之徵收性
質,但事實上,已演變為另一種形式之強制性合作開發事業。」

從此，政府將區段徵收視為與民間合作的土地開發，意圖以此來規避土地徵收必備要件之拘束，區段徵收遂演變成為公部門取得公共建設用地、挹注財政及土地開發的最佳利器。這就如同猛虎出柙，在毫無公益性及必要性的情況下，到處不斷地吞噬人民的土地及家園。而這樣的土地徵收，也就是在一百多年前於西方社會引起非常大爭議的「超額徵收」（excess condemnation）。

二、區段徵收與超額徵收

由於國內一直都是將區段徵收翻譯成 zone expropriation，這或許阻礙了國內研究者與國外相關文獻的連結，若以這個英文名詞進行英文文獻的搜索，幾乎是得不到任何的文獻。很幸運地，去年（2019）為了參加世界銀行所舉辦的「土地與貧窮」（Land and Poverty）會議，在閱讀相關土地財政（Land-Based Finance）文獻時，確知美國所使用的名詞為 excess condemnation 後，由此進行相關的搜尋，即可獲得相當豐富及重要的資訊，而本書即是其中之一。

經過比對，這些資訊也與李鴻毅教授所著《土地法論》中對於區段徵收的簡短詮釋，有著高度的雷同。國內《土地法》教科書中談及區段徵收時，大抵都援引李鴻毅教授之著作，李教授特別註明這個制度首先創行於法國，後來也運用於比利時及英國。他雖然提及了1850、1852年法國所頒布的《不衛生住宅改良法》及《關於巴黎街道法案》，但很可惜他在書中卻只是輕描淡寫一筆帶過，也未註明出處，而只是敘述：「授權各縣市得將不合衛生地區之土地全部徵收，於重加規劃改良後，再行出售（1997：

875）。」不過，由李教授論著中所強調的「再行出售」，也可以印證台灣的區段徵收即為超額徵收之一類。由於法國、比利時、英國皆曾於十九世紀實施此制度，很遺憾地，國內似就以此來確定其正當性及合理性，學術界甚少對其提出質疑，若有批評，大抵也只是在發還抵價地的比率、補償金額多寡等技術性及工具性課題上做探討，而未針對更為關鍵的合憲性問題提出質疑。

從苗栗大埔事件以來，被徵收人往往質疑政府在徵收土地後，卻將他們原來所擁有的土地標售給建商財團，土地徵收已經質變為「私徵收」，政府變成是幫土地開發炒作者圈地的工具。他們強烈批評政府這樣的舉動，認為區段徵收完全牴觸了土地徵收所需遵守的必備要件，並主張區段徵收違背了憲法財產權、生存權及工作權應予保障的規定。他們所組成的自救會，所要求的大抵是基本人權的保障，而不是金錢補償或發還抵價地的比率多寡。但是，他們的抗爭舉動卻往往會被當權者抹黑為企圖增加金錢補償數額、自私自利的私利行為，刻意抹黑他們為釘子戶，罔顧整體大眾的利益。土地被徵收人經此再三汙衊，往往有苦難言，內心有極大的折磨。

但是，這樣的惡劣及偏頗的情勢如今或許有機會隨著羅伯‧庫斯曼教授（Robert Eugene Cushman）所著《超額徵收》一書中文翻譯版的發行而有所改觀。庫斯曼教授以十九世紀及二十世紀初的美國為例，將土地徵收分為二大類：強制徵收（eminent domain）及超額徵收（excess condemnation），而後者又可以再分為三個類別，分別為：殘餘地徵收（或稱附帶徵收、一併徵收）、為了保護某項公共建設而在其周圍所實施的有限度擴張徵收（台灣的法律制度似無此徵收）、以及為了賺錢財政目的所實施的獲

利徵收（即國內的區段徵收）。庫斯曼教授為了寫這本書，當時還特地從美國遠至歐洲蒐集資料及進行移地研究，包含了前述李鴻毅教授所稱法國、比利時、英國三個國家的實務經驗，並在第一次世界大戰時才從德國返回美國；此外，本書也包括了美國各州當時所實施的眾多案例及法院的判決，內容可說是非常的豐富及有價值。這本書雖發表於1917年，但是它的重要意義在於幫我們尋得了區段徵收的根源，亦即幫我們找到了區段徵收的身分密碼，即使在一百年之後閱讀，對我們來說卻完全不陌生。再者，雖然本書聚焦於超額徵收，但是它也會討論土地徵收的一般原則及其合憲性，因此，凡是對於土地徵收感興趣的朋友，它都是非常重要的。

三、本書內容簡介

本書從不同的面向探索區段徵收，共分成七章，每一章都非常精彩，很值得仔細閱讀，讀者將發現其所探討的主題與我們現在因區段徵收而面臨的問題，竟然有那麼高度的相似性。

第一章為「超額徵收理論」，為超額進行定義及分類，作者將超額徵收定義為：「可以被視為國家或城市所採取的一種政策手段，為了興建公共建設（public improvement），基於徵收權的施行，取得超過公共建設實際所需的土地，其後將過剩的土地出售或租賃。」為何歐洲及美國要採取超額徵收？其理由大概有三：第一、為了要解決殘餘地問題，這是因為公共建設後往往會產生許多零星的殘餘地，無法有效使用，因此政府一併將其徵收，未來將其出售給毗鄰的所有權人，在經過重劃之後，可以促進整區

的土地使用。第二、為了要保護公共建設的美觀及效能，避免鄰近公共建設附近的土地使用危害了該公共建設，因此將其附近一定距離內的土地一起徵收，之後再設定相關土地使用限制，將其出售或進行租賃。第三、則純粹只是為了賺錢，這是因為公共建設需要花費一大筆的金額，若以一條高速公路為例，政府不僅徵收公路本身所需的土地，還連帶地把道路兩旁的土地都徵收了，等公路興建完畢，其兩旁地價也上漲了，這時再將徵收來的剩餘土地出售，企圖由此填補公共建設的費用，甚至賺取大筆的利潤。這三大類分別可將其稱為殘餘地徵收、有限度的擴張徵收，以及區段徵收。

　　第二章為「超額徵收與殘餘地問題」。若以興建公路為例，恐會產生許多的殘餘地，這會產生四種對於公益或私利的危害：第一、它們因公共建設而產生，很可能會抵銷該公共建設原本的功能，甚至阻礙周邊街區的發展。第二、城市會面臨必然的財政損失，因為這些殘餘地恐會影響周邊區域的整體發展，而導致整個區域不再具有吸引力，城市因此損失了大筆稅收。第三、不僅殘餘地擁有者會有很大的損失，其毗鄰地所有權人恐怕也會很慘，他的土地因為與公共建設之間隔著一塊或數塊殘餘地，致使其並未因為公共建設而產生預期的增值，甚至還會帶來損失。第四、這些殘餘地的形狀可能都太難看，因而產生了許多危害。

　　如何解決棘手的殘餘地問題？第一、可透過所有權人自主的重劃來予以解決，但若所有權人不願意配合，這就行不通了。第二、與前述方法相去不遠，在政府協助下進行重劃，其缺點仍然是所有權人未必會同意。第三、公權力介入，強制重劃殘餘地，此處則介紹德國著名的《阿迪克斯法》，這或可讓我們理解為何

德國以土地重劃而聲名遠播。第四、若有殘餘地要出售，政府可以考慮購買。第五、若殘餘地要出售，政府必須責無旁貸地予以購買，不過這個方案圖利及保障的對象可能是所有權人，而不是社會大眾。由於以上方法皆有其缺陷，以致於超額徵收因此被看好，認為它或許能夠妥善解決複雜的殘餘地問題。

第三章為「以超額徵收保護公共建設」。這多半是因為美學上的保護，但並不侷限於此，因為一個美麗的公園也會與公共衛生及休閒遊憩脫離不了關係，超額徵收的運作可能會與採光、空氣品質、便利性及一般實用性有關。這涉及城市可以額外多徵收一些土地以備未來的需要，未來若不需要，則可將其出售。但對於許多市民而言，這似乎是賦予了城市隨意進行徵收的權力，是極為不當的作法；此外，這恐怕也會帶來嚴重的行政弊端，因此有學者主張用警察權（police power）來限制土地的使用，但這樣的作法恐怕也有其限制。因此，又有人主張徵收地役權（easements），但是對其最主要的批評則是可能無法發揮原先預期的效果，繼而有人主張施行超額徵收。然而，對此還是有許多不同的意見：第一、這恐會為城市帶來嚴重的財務風險；第二、它會對私人財產權過分干預，進而侵犯了私人財產權。

第四章為「以超額徵收獲得增值利益或賺錢」。這個政策的支持者主張超額徵收是安全又有效支付公共建設費用的方法，甚至可因此創造可觀的盈餘。然而，超額徵收並非是唯一賺錢的手段，政府至少有兩個其他的方法可以獲利，一為特別受益費（special assessments），另一則為增值稅（increment taxes），這兩個方法對私人財產權的干預比超額徵收和緩許多。

但是，特別受益費有回收總額的限制，僅能回收城市針對興

辦公共建設的支出成本，它也受拘束於所實施的範圍是限定於公共建設周邊的地產，至於空間距離該多遠，往往引發爭議。而增值稅的不同之處，在於它並非針對公共建設的興建成本，而是對於該建設所造成的地產增值來課取，因此不受限於興辦公共建設的支出成本，惟美國在當時並沒有任何一州徵收增值稅，其主要是運用於歐洲，如英國、德國。其問題是應該課取多少的增值？應該保留多少比例的增值予所有權人？這些都是很難纏的問題。

因此，就考量到使用超額徵收而不是增值稅來擷取增值的利益，但即使如此，在當時的美國也僅出現非常零星的個案，而且也只是運用它來取得殘餘地，而不是將其當成是融資公共建設的手段。對台灣而言，這一點非常的重要，因為台灣實施區段徵收的經驗太過於浮濫。雖然俄亥俄州克里夫蘭市及麻州波士頓市曾經提出超額徵收的方案，惟後來皆沒有真正實施，這是因為它伴隨著高度的財務風險。至於加拿大就曾經有過成功的個案，而許多歐洲城市也有實施超額徵收的經驗。如法國巴黎曾在1852年通過法令授權以超額徵收來處理剩餘土地，但最後結果顯示它似乎是失敗了，最高行政法後來也嚴格限制了超額徵收的數量，這使得法國後來也少有以超額徵收來賺錢的例子了。

比利時則不同，雖然當時超額徵收已成為推動公共建設時長期落實的政策，但是布魯塞爾卻曾因為超額徵收而造成嚴重的城市災難，市政府差一點就破產了，因此後來也將其放棄了。至於英國，雖然也實施過，但其成效卻也是非常的可議，並不算成功，因為「原本想要取得增值利益的建設案，最後卻淪為揮霍成本的開發」。再加上，不論是倫敦郡議會或是曼徹斯特，往往都很難賣出這些徵收來的土地，政府必須不斷地進行公開拍賣來釋出這

些超額徵收的土地，但依舊乏人問津，這種情況與現在台灣許多直轄市及縣市無法拍賣掉區段徵收後的配餘地非常的類似（如新北市八里台北港、苗栗及彰化高鐵特定區等）。

　　第五章為「超額徵收的財政利得與風險」。那些宣稱市政府會因為超額徵收而獲利的論述，是建立在三個假設：第一、市政府以近似實價的合理價格徵收過剩的土地，第二、興辦公共建設必然會增加所徵收之剩餘土地的價值，第三、市政府會比照增值後的價格來轉賣或租賃該土地。這三點非常的重要，因為任何公共建設事業計畫若不能符合上述的假設，就很有可能讓市政府嚴重虧損，而不是賺錢。然而，若以英國為例，土地徵收的補償金額是由審議團決定，依慣例審議團除了會決定高額的補償金，還會把事業計畫的增值利益交付給所有權人，另外還要再外加10%的金額，這使得這個補償價格遠高於市場公平的交易價格。換言之，在英國及法國除了要補償土地的市場價格，另外還需支付一筆商業利益或信譽受損的補償金，而其金額往往是非常高昂。

　　再者，剩餘土地的預期升值或許根本不會發生，或者要花很久的時間才會實現，在市政府獲得增值利益之前，利息費用和稅的損失很可能就早已把任何可能的淨收益都吃掉了。而官方加諸於剩餘土地的未來使用限制，也很容易在出售土地時減損其市場價格。此外，管理不善或無效率的行政運作體系也會嚴重危及超額徵收的財務效果，而形成極高的財務風險。因此，本章的最後結論第一點即指出，超額徵收計畫的虧損風險實在太高了，因此無法合理化採取此法作為財務手段的必要性。

　　第六章為「超額徵收的行政管理」。這一章是在討論如何把超額徵收的一般原則轉化成為實際運作的法規制度，即市政府在

實施這個政策時，權力應體現在哪些方面？制度該如何設計？該受到什麼約束？又該如何執行這個制度？這些問題都非常重要，但至今仍然莫衷一是，沒有任何一州或國家提出的憲法修正案或法令是與另一州或別的國家完全相同的。縱然如此，美國各州卻都反對立法機構在無憲法的明確授權下，強制將此政策納入於法規，這主要是因為超額徵收是政府其中一個最專制的權力——也就是強制徵收權——提供了寬鬆的解釋機會，個人財產權因此深受影響。這一點也很值得我們重視，因為台灣現今所施行的區段徵收並沒有憲法的授權。

庫斯曼教授在這一章蒐集了非常重要的資訊，以製作表格的方式清楚的告訴我們美國哪些州已有「超額徵收的憲法修正案」，哪些州則是有「超額徵收的法令規定」，以及其各自的主要內容為何，這些都非常有參考價值。最後庫斯曼教授做了重要的總結：如果要實施超額徵收，那麼他主張憲法裡就應該要有賦予超額徵收權力的條文，而他認為該條文應該具備七個重點，這非常重要，很值得參考。最後，各州若要依據憲法來訂定一般的法規，並將超額徵收權授予州的地方行政機關，那麼其必要條文應該包含哪些重點，庫斯曼教授也清楚列出簡要大綱。

第七章為「超額徵收的合憲性」。超額徵收在美國所遇到最為棘手的問題，就是其合憲性一直受到嚴厲的質疑，其是否合憲的課題必須優先解決。這一章觸及了強制徵收（eminent domain）的重要規範，如聯邦憲法修正案第5條及14條，其中非常關鍵的涉及了「公共使用」（public use）的解釋。庫斯曼教授指出法院一直不願聲明「公共使用」一詞的一般定義，也因此賦予這個名詞的彈性，得以擴充為其他的解釋內容。其大概有兩類解釋：第

一類是將「公共使用」解釋為「為公眾使用」，這個解釋相當清晰且合情合理；第二類解釋則是將「公共使用」擴張解釋為「公共利益或對大眾有利」，這是一個比較自由派的觀點，但其普遍接受度不高，可能也無法代表官方的觀點。

　　由於超額徵收涉及從某人身上剝奪其所擁有的土地，轉而供其他私人使用，這不但與「為公眾使用」相違背，也涉及違背了「基本法」（the law of the land），即自由人（freeman）原則上不應被剝奪其所有權、自由及基本人權，或受到禁止、驅逐，或以任何方式傷害、剝奪個人生命、自由和財產。即使只是徵收殘餘地，1834年紐約州最高法院也予以否決。之後，麻州也碰到類似的個案，麻州最高法院也有相同否決的判決，其主張為「宗地（lot）的殘餘數量不該破壞原則」，而這個原則即徵收必須為公共使用。這兩個案例所建立的法理非常重要，在美國絕大部分的州法院都是同意的。麻州議會曾經想突破這個限制，但徒勞無功：即使是殘餘地的徵收，也必須具備公共便利性及必要性，否則就是違憲，因為其本質上還是屬於私人，而非公共目的。後來馬里蘭州及賓州都有其他類似的判決，對於允許政府依規定強制徵收市民的土地，但後來卻將該產權轉移給另一個人，法院都針對這一點提出嚴厲的譴責。此外，庫斯曼教授甚至在結論時特別強調，如果只是為了賺錢的財務目的而進行徵收，這絕非屬於徵收的公共目的，這樣的徵收不僅違背了法律公平保護原則，也牴觸了法律的正當行政程序。這樣的結論非常值得台灣參考，而這大抵就是為什麼西方民主國家在二十世紀初期就都逐漸不再使用區段徵收的主因了。這樣的結論非常值得重視！

四、小結：一部憲法、兩個世界

　　台灣現行的區段徵收源自於歐美曾經實施過的超額徵收，它是屬於超額徵收中的第三類，而其源頭可能是為了解決殘餘地的問題，後來則將其擴張而出現了變異。以美國為例，「殘餘地徵收」（或一併徵收、附帶徵收）及「區段徵收」二者都是屬於「超額徵收」，在一百年前的美國，大面積的區段徵收是嚴格禁止的，這已經是各州的共識，沒有爭議，因為這嚴重侵害了私人財產權，與各州的憲法規定都相違背。因此，其爭論的焦點反而是在於可否進行小面積的殘餘地徵收，然而，即使是零星小面積的殘餘地，原則上都還是嚴格禁止的。反觀台灣，我們對於殘餘地徵收（《土地徵收條例》第8條）原則上也是採取禁止的立場，唯有在土地所有權人申請的情況下，政府才考量是否要予以一併徵收，由此看來，我們也是非常嚴謹的，因為就連小面積的零星殘餘地，我們都是禁止的。若按照這個邏輯，相對而言，那麼徵收面積非常大的區段徵收不是更要嚴格禁止嗎？

　　然而，非常矛盾的是，我們對於面積非常大的區段徵收竟然是大開方便之門，從《平均地權條例》第53條及《土地徵收條例》第4條的規定看來，幾乎是無所不包，此外還有十幾個法條可以啟動區段徵收，這幾乎讓台灣的每一塊土地都適用於區段徵收，只要掌權者強勢啟動，那麼每一個土地所有權人其實都逃離不了區段徵收的魔掌，這非常的恐怖。試問，台灣土地徵收這樣的立法會否讓你深感精神錯亂？我們竟然是「抓小放大」。為何一個連零星殘餘地徵收都嚴格禁止的國家，反而會允許大面積的區段徵收呢？這非常不合理！這也表示台灣土地徵收法制的紊亂，缺

乏財產權與基本人權保障的觀念。

再者，有人欲以區段徵收屬土地開發來予以區隔及扭曲誤導，區段徵收雖與一般徵收有異，但本質上仍屬於土地徵收之一類，依舊是對人民財產權、生存權及工作權的剝奪，必須符合《憲法》及相關大法官解釋文規定，而這也就是超額徵收最為關鍵之處：即區段徵收仍然必須嚴格遵守土地徵收所必備的嚴謹要件，如增進公益性、必要性、比例性、最後手段、及完全補償等，而且政府絕對不應該在缺乏憲法授權的情況下，隨意的剝奪私人財產權，並在之後又將其轉售給其他私人，根據本書的敘述，這在美國是嚴格禁止的，會受到嚴厲譴責。然而，非常遺憾的，到了二十一世紀，台灣竟然還在大肆實施主要建構於十九世紀、至今大抵皆已經被拋棄的區段徵收制度。

為了擴大實施區段徵收，行政院還特別於1990年訂頒行政命令，規定「凡都市計畫擴大、新訂或農業區、保護區變更為建築用地時，一律採區段徵收方式開發」，這使得區段徵收大肆運用於農業用地。為什麼這麼做？政府除了要賺取農地轉用為建地的地價價差之外，還專門欺負那些守護農地的老農，因為他們缺乏相關法律知識及政治力，這使得台灣區段徵收大抵都施行於農業用地之上。由此也讓我們得到一個非常惡劣的印象，即台灣的區段徵收是專門掠奪社會弱勢的土地及家園，並把這些土地轉手給財團建商及地方派系，即政府運用公權力來幫他們取得及整合土地，讓他們大賺其錢。不客氣的問，這與海峽對岸的中國所實施的「批地」有何差別？沒有的，這不禁讓人懷疑，台灣真的有在實施《憲法》嗎？我們真的是一個保障財產權、生存權、人格權、及人民尊嚴的國家嗎？

對於土地徵收制度的反省與批判，連帶地也必須瞭解其制度的上游，即台灣的土地使用計畫，如都市計畫及區域計畫，因為它們至今仍停留在「權力一元化」的威權時代，所謂的公共利益全由極少數掌權者來詮釋。若以都市計畫為例，擬訂及變更計畫的權力全掌握在直轄市或縣市首長的手裡。依照現行《都市計畫法》，地方政府在擬定及變更「主要計畫」時，不用對外公開徵詢人民意見，而是要等到「主要計畫擬定後」才需對外揭露。即其所擬定的計畫在送交審議之前，才需對外公開及舉行說明會。但那時主要計畫已經擬定完成，以致說明會大抵也僅是個橡皮圖章，無法產生實質功效，人民的意見及選擇都完全被忽視了。

既然擬訂及變更計畫的權力完全由首長所掌握，那麼審議計畫的權力呢？總該要有權力制衡的平行設計吧！很遺憾地，沒有任何權力制衡，審議計畫的權力竟然還是掌握在直轄市或縣市首長的手中。依據《各級都市計畫委員會組織規程》，進行審議的都市計畫委員會委員是由「地方政府首長派聘之」，也就是說，這些委員不論是學者專家或熱心公益人士，都由首長聘任，都是首長「精挑細選」的，不必經過議會同意，因此這些委員是向首長負責，而不是向人民負責。

不論是計畫的擬訂、變更或審議，台灣的制度設計都是將權力集中在行政機關首長、以及與其進行聯盟的權貴菁英手中，完全將人民排除在外。至於管轄更大面積的《區域計畫法》呢？也是呈現「權力一元化」的相同制度設計，而且有過之而無不及。繼而，與這些土地使用計畫緊密連結的土地徵收制度呢？審議委員也都是由內政部長遴聘，權力也都是集中在機關首長身上。試問，當政府左手擬訂計畫、右手審議時，會有不通過的道理嗎？

上述權力一元化及欠缺權力制衡的制度設計何以能夠繼續存在？為什麼可以忽視人民的公民權（citizenship）及自決權（self-determination）？這是因為政府及當權者不斷宣傳「專家主義」，主張由專家來取代政治，在此訴求下，往往刻意把社會問題扭曲為專業問題，需由專家來解決，並由他們來定義何謂公共利益。但是，我們卻發現，在權力的宰制下，這些專家委員會並沒有促進公共利益，反而大都是在維護少數政治經濟權貴菁英的權力，並協助他們累積財富及炒作土地。這些專家委員會，論其本質其實仍是政治，專家主義乃是社會上層階級的巧妙奪權計畫，其企圖以專業形象來進行包裝，並以此取代民主參與，剝奪人民的公民權及自決權，而這就是土地戒嚴體制得予繼續留存的主因。

　　如同過往國民黨統治的時代，解嚴後台灣各地仍不斷湧現土地被徵收人的激烈抗爭，究其原因，是因為台灣的土地制度依舊未實質解嚴，它還是個威權保守、強凌弱的壓迫及掠奪體制，仍然把人民民主參與的權力完全排除在決策機制之外，以致台灣的都市計畫、區域計畫、及土地徵收皆無法獲得正當性及合理性，而這也是人民不斷地進行抗爭的主因。

　　因此，台灣的實情是「一部憲法、兩個世界」，縱然《憲法》第15條明文規定：「人民之生存權、工作權及財產權，應予保障。」但長久以來，本人的心得卻是，這一條文僅只適用於少數權貴及上層階級，政府非常保障他們的財產權，並用公權力協助他們圈地及炒作土地，讓他們荷包滿滿，選舉時再對政治人物進行金錢及選票的回饋。反之，當政府面對一般百姓及社會弱勢時，卻完全擺出另一臉孔，以憲法第23條「增進公共利益」為名，以都市計畫的手段，不斷的進行徵收、重劃、都更、及強制迫遷，

而且毫不手軟。這種情況是民進黨、國民黨、民眾黨皆然。這真的是台灣最深沉的悲哀！

很希望台灣的土地被徵收人及社會弱勢都能認清局勢，我們根本就不是活在一個民主立憲的國家，若以浮濫的土地徵收為例，我們其實是活在一個「以自由民主及愛台灣為名，實質卻是進行土地及人權掠奪」的類社會主義共產國度！這部《憲法》根本無法保護社會弱勢及其家園，當權者完全忽視《憲法》的存在，並恣意掠奪及侵害我們的權益，我們每一個人其實都是排隊等著當那個被掠奪的少數，有許多人排在前面，而且已經很不幸的遭遇到了。對於那些還沒有碰到的人而言，請千萬不要天真或鐵齒的以為不會碰到，只是現在還沒有輪到罷了，祝福你。

參考文獻

李鴻毅，1997，《土地法論》，增修訂22版，台北市：作者發行。

楊松齡，2019，《實用土地法精義》，19版，台北市：五南圖書。

編者的話

　　城市的建造在近年變得愈來愈重要，這不僅關乎實質空間的布局，也牽涉到社會控制、經濟發展和財務體質。逐漸地，城市研究者、城市行政人員、和立法者都明白城市建造不僅是科學，同時也是一種建設性的政治本領。「全美城市聯盟系列」（National Municipal League Series）中有兩本書在探討這個主題——諾倫（John Nolen）[1] 博士提出更廣博的視角，博德（Charles Sumner Bird）[2] 先生則析論小型社區與城鎮規劃如何關聯。庫斯曼博士的這本著作所討論的，或許過往被視為枝微末節——卻也是最重要的部分，因為其與許多層面高度相關：實質硬體、社會、經濟和財政金融。有鑑於此，以一整本書來深究這個看似狹窄的主題，確實是明智之舉。此外，目前還沒有關於這個主題的英語著作，出版社與本系列書籍的編者有志一同，認為此刻正需要這樣的一本書問世。

　　本書作者庫斯曼博士花費了三年時間細究歐洲和美國的經驗，當歐陸戰爭爆發時，他正在柏林忙於這項任務。雖然戰爭多

少對他造成阻撓，但當時他已蒐集豐富的資料，足以對超額徵收的理論和實務提出權威的論述。

本系列編輯深信，時間會證明這本具前瞻性的著作將會為美國城市的進步、社會和財政等面相做出卓越及決定性的貢獻。本書參考了豐富的文獻，藉以增加其實用價值，立基於此，本書也因此可說是與關心此課題的理論家及實務工作者的共同書寫。

柯林頓‧伍德魯夫（Clinton Rogers Woodruff），1917年

註釋

1　譯註：所指為 *City Planning: A Series of Papers Presenting the Essential Elements of a City Plan*. Edited by John Nolen. New York and London: D. Appleton and Company, 1916. National Municipal League Series.

2　譯註：所指為 *Town Planning for Small Communities*. Walpole Town Planning Committee. Edited by Charles Sumner Bird. New York: Appleton & Co., 1917. National Municipal League Series.

前言

　　有很多的角度可以理解超額徵收。對都市規劃者來說，超額徵收是一種掌控都市實體環境發展的可能手段；對研究市政金融的學生，它代表的是一種支付公共建設的財務工具；對憲法律師而言，它帶出了強制徵收（eminent domain）這一有趣又棘手的法律問題。因此，超額徵收多半只是偶然地被那些因為關心其他課題的人注意到。以下篇章試圖呈現一個全面探討超額徵收的獨立研究，不忽略與其密切關聯的諸多課題，以俾對其使用目的建立廣博的認識，亦探究其理論和實踐面的各種問題。

　　必須提醒一句，這裡所談的超額徵收，主要是從美國城市的角度出發的。一開始這樣的觀點限制似乎很明智，否則討論可能就會沒完沒了，而實際上這麼做也有其必要，因為超額徵收在歐洲城市的發展情況雖然有助於對此主題完整的理解，但是相關的一手研究卻在一次大戰爆發時散佚。接下來的章節裡，關於歐洲城市運作超額徵收政策的討論，並非一全面的研究，而只是作為說明或比較之用。

要不是可以開啟一些討論，或有助於公眾梳理當今一項重要課題的思考脈絡，一旦踏入這類幾乎無人涉足的研究領域，誰都會極度不情願提出理論或綱要，因為還得受到後續經驗和研究的檢驗。希望本書所探問的各種主張和建議，能夠產生實質的幫助。

　　本書中任何錯誤或疏漏都是作者一人的責任。他感謝所有提供寶貴建議的朋友和同事、慷慨為他解決疑惑的公務員，尤其感謝哥倫比亞大學的霍華德・麥克貝恩（Howard C. McBain）教授在本研究期間一切的引導和指點。

羅伯・E・庫斯曼

伊利諾大學

厄巴納，伊利諾州

第一章
超額徵收理論

　　即使超額徵收已有近百年的歷史，卻有幾個因素導致人們對其一無所知，因此對它感到陌生也是合情合理的。首先，這個標題不甚清晰的政策是源自於歐洲國家，只有在英國、法國和比利時通過試驗階段，然而「超額徵收」（excess condemnation）這名稱卻是相當晚近的美式詞彙。歐洲人可能熟悉那個政策本身，卻認不出它的美國名字。而在美國，不僅這個名詞和政策都過於新穎，企圖啟動超額徵收手段或將之合法化，都僅限於零星幾個地方而已。在這些地方之外，除了少數政府官員和都市規劃專家，沒什麼人對此一機制感興趣，或者根本不知其所以然。「超額徵收」一詞，就算經過了很漫長的時間，對一般人來說還是個十分模糊的概念。

　　不只政策本身把人搞糊塗，「超額徵收」一詞更難從字面上來理解，不管理論面或實踐面都無法一言以蔽之。它始終是個複雜的政策，形式和目的千變萬化。一旦說起超額徵收，很可能還得費勁解釋現在說的到底是各式超額徵收中的哪一種。

　　不過，要定義超額徵收還是辦得到的，而且還要涵蓋它的基

本特徵。概括說來，超額徵收可以被視為國家或城市採取的一種政策手段，為了建設公共設施（public improvement），基於徵收權取得超過公共建設實際所需的土地，其後將過剩的土地出售或租賃。從某種意義上，去詳述國家或城市將會處理剩餘資產顯得有點多餘，因為若不這樣做，超收就沒有足夠的誘因，也就不會發展出這樣一套制度了。此外，如果城市沒辦法把剩餘土地賣掉或出租，它就會被迫要持有或使用這些土地，而以這種方式被城市持有或利用的土地，說是因為「超過」（excess）需要而被徵收似乎不太恰當。超額徵收政策的重點在於，是由政府來徵收超過實際需求的土地。

超額徵收有兩點需要好好深思。首先值得留意的是，這個政策允許公權力當局徵收土地，1911年威斯康辛州的立法機關通過一條法令，允許所有第一級城市的土地管理委員會「以城市之名義，以購買、租賃、契約或贈與等任一手段，取得任何現有或預定之公園或綠道一千英尺以內範圍之土地及其改良物，並可出售、抵押貸款、租賃或以任何方式售賣該地之契約……」[1]這道法令有時會被稱為超額徵收法。實際上，它只能用於超購，其條款並未賦予在未取得所有者同意的情況下，就強佔私有財產的權力。在其他州，法令施行的情境是，假如某人的部分資產已被強制徵收，而他不想繼續持有剩餘財產，[2]城市可能被迫將其全部資產買下。但回到剛剛的討論，即使取得的土地超過實際公共所需，這些多出來的土地也並非徵收而得，而是買來的。除非這些剩餘土地是透過強制徵收（eminent domain）取得，否則就不應將此手段稱為超額徵收。

第二點，超額徵收牽涉到「過量」徵收（in excess）私人土地，

也就是說，超過實際用於公共建設所需要的土地面積。在這裡，大可不必去討論美國法律中的強制徵收究竟是基於哪些目的，容許公權力取得私人財產。只要知道在近期施行超額徵收法案之前，國家或城市通常是基於公共建設需要才會徵收所需要的全部土地，像是興建高速公路、公園、公共建設。超額徵收意味著透過強制徵收獲取土地，卻不是為了這些常見的目的，因此其徵收的土地範圍完全落在那些建成或改善過的街道或公園之外。

超額徵收的第二項關鍵特點若要再說得更清楚些，就得區分「政策」（policy）與有點近似的「強制徵收」（eminent domain）的差別。各城市、各州政府，無論是在美國或他國，經常以開發無發展價值的土地或清除衛生條件不佳的貧民窟為由，徵收私有土地。大約四十年前，麻薩諸塞州就準備開拓今天稱為「後灣公寓」（Back Bay Flats）的低地區，其上有波士頓灣的海水潮起潮落，這片土地完全無法使用，甚至還阻礙了該部分港口的有效利用與發展。州政府決定採用最簡單、最直接的方案，以強制徵收取得土地所有權來完成作業。這片土地的水被抽乾然後受到保護，結果自然是價值大幅飆漲，該區的大片土地出售後，為州政府帶來豐厚的利潤。[3]諸多案例顯示，其他州也實施了類似工程的法令。[4]

在英格蘭和蘇格蘭，有一相仿的政策被用以解決住宅問題。部分國會法案容許城市在地方政府委員會的許可之下，徵收整個貧民區。城市可能拆除缺乏衛生的集合式公寓，蓋幾間工人小屋再租出去，或者把地賣給簽約蓋工人住宅的開發商。[5]

有些作者傾向把這類重建工程視作超額徵收的案例。[6]或許嚴謹點講，可以說在這類工程中，會出現徵收超過改善城市所實

際需要的土地的情況。國家或城市是有可能僅是透過取得部分需要改善地段的地役權（easements）或土地部分權利，便能夠推動這些改建。由此觀點，有人主張當城市啟動更強大的徵收權，來取得公共建設所需要的土地時，也就是徵收超過所需的財產或土地，此計畫就可以視為超額徵收的例子。

上述的說法過度擴大了超額徵收一詞的意義。根據其論點，為了達成特定公共目的，公家機關行使裁量權，徵收超出事業所絕對必需之土地，皆認定為超額徵收。當城市在開闢一條街道時，以徵收土地產權代替循一般管道僅徵收地役權的作法，肯定不算是超額徵收。不過，還是很難從原則面區分這麼做與前述改善工程取得土地的手段有何差別。比較好的作法或許是，只有當土地作為特定目的事業用地之外，而非用於既有公共建設改良，而被超額徵收的土地，因此土地的取得是基於補充性且可分離的目的。多出來的土地並非徵收來蓋與原地上物有關的公共工程，即使該多餘土地可能因相關原因而被徵收，也不需要為了該工程而全數徵收。以這般詮釋，上述提及的重建或公共建設工程，並不容易符合超額徵收的定義。在這些案例裡，直接取得土地而非僅取地役權，是推動理想的改良較直接又權宜的作法，所有徵收來的產權都是為了符合目標的正當建設。是故，本研究無意對這些計畫做詳細的查驗，因其與主要探討的問題無關。

前述所討論超額徵收的特質，呈現出此一有趣政策所隸屬的類別概念，顯得是有點模糊。它有許多變形，因著各種各樣複雜的條件而變異，大原則會轉化成實際的施行方案。基本上，這些變異的特徵與它們的目的有關，也就是啟動超額徵收的原因，這個原因會決定有多少剩餘土地需要被徵收、城市會持有這些土地

多久、什麼情況下土地會被賣掉或出租。透過檢視運作機制所對應的目的，會比較清楚超額徵收迄今出現的主要形式。

在美國採取超額徵收的首要原因，是要解決殘餘地（lot remnants）[7] 的問題。當一條舊街道要拓寬，或有一條新街準備對角斜切過相鄰土地的地界，剩下的土地往往形狀畸零、面積狹小而難以運用。若讓這些殘餘地凌亂地散布在新建設的周邊，對附近的所有權人和城市本身是有百害而無一利，但比鄰的所有權人也拿這種情況沒辦法，原因將會在後面章節裡提及。現在，城市的建設完全不需要這些星星點點的殘餘地。然而，有些州政府允許它們的城市徵收這些殘餘地，假裝為了興建高速公路非要這些地不可，但在建設完成後，城市就想辦法把這些殘餘地脫手，通常是把它們賣給鄰近的所有權人，讓他們把殘餘地整併進去後，可以重新規劃土地運用，增加整片土地的實用性與整個區域的吸引力。

第二個啟動超額徵收的理由，是為了要保護公共建設的外觀和效能。當城市想要蓋一個美麗的公園或林蔭大道，要如保證這些美麗的景觀不會被周圍破敗的房舍、或甚至一整排大肆宣揚成藥或香菸功效的大型廣告牌所影響甚或毀掉？於是，超額徵收這個救星來了。與其強制徵收剛剛好的土地來蓋公園或林蔭大道，城市會連同建築物兩邊一段距離範圍內，大約一、兩百英尺以內的土地一併徵收。當建設蓋好之後，城市就把得來的多餘土地賣掉，並將使用限制載明在合約上，避免土地使用目的對公園或風景大道的美觀、照明、空氣品質和功能產生不良的影響。城市不只打造了一個美麗的場所，對公部門來說，還要永遠保護那個場所不受損害或毀棄，甚至失去功能。

第三個經常運用超額徵收的原因，特別是在歐洲，就是為了賺錢。假設一個城市想要擁有良好的交通設施，認為有必要在一塊已開發的地區裡頭開闢一條新街。開闢新路主要是功能的考量，周邊土地的景觀只是次要的。不過，為了取得開闢新路的土地，得付出令人望之卻步的天價。再進一步假設這個城市有超額徵收的權力，於是它不只徵收了公路本身所需要的土地，還透過徵收把道路兩旁的土地都徵收了。當這條重要的幹線蓋好時，該區立刻變得炙手可熱，價值飆升，接著城市馬上把多出來的剩餘土地賣掉，不是以徵收土地時的土地現值為準，而是以增值後的高價賣出。該筆利潤就進了城市的口袋，而不是回到前所有權人或不動產經紀商手上，其收益不僅遠超過建設的支出，有時候還能為城市賺一大筆錢。簡言之，城市當局橫奪了由自己的開支所產生的土地增值的一部分。

　　以上是超額徵收目前被援用的三種原因。有時候這三個目的會在同一個案件裡產生，有時候則是個別出現。而且這三類型所衍生的辦法和細則極其繁多。在接下來的章節會以實際經驗詳細分析這三種超額徵收的主要分類。

　　若能充分了解超額徵收的內涵，便會了解這個政策具有相當高度的社會控制。該政策容許為了整體社區的利益，對私人產權進行相當嚴重的侵害。果不其然，在美國有很多人大肆批評超額徵收，不是因為這個制度衍生了很多要解決的行政事項，也不是因為它引發了嚴重的憲政問題，而是因為他們認為這個政策的理論基礎完全站不住腳，主張該政策是由政府帶頭無理干預人民的財產權。他們質疑超額徵收的原則，聲明此制度不合理。

　　要判斷超額徵收的立論究竟出於良善、還是惡意，所面對的

課題幾乎就與任何一項新的社會立法一樣，都得平衡特權（privileges）和義務（obligations）。一方面，自古以來市民即被賦予擁有與支配個人土地的神聖權利，除非是基於明確合理的公共目的（public pirpose），才能剝奪他的土地。另一面則要考量社會整體之便利性，具體而言也許是由某一個社區的需求來廣泛定義所謂的公共目的，而非只是從傳統狹隘的觀點來定義其必要性。兩者孰輕孰重？問起來倒容易，要回答可就難了。讓路人甲乙丙各抒己見或許不難，但要答得令多數人信服就很難。對某人來說，神聖的私人財產被粗暴地侵門踏戶，對另一人而言只不過是保護社區利益的必要之舉。在上一段分析裡，合法的社會控制（social control）和充公（confiscation），兩者只是程度上的差別。法令到底會受譴責，還是會被肯定有其必要性和助益，不只與個案當中平衡私權利和公共福祉的精準度和深入程度有關，這也與看待社會和經濟的視角是受到個人主義或共產主義哲學主導有關。這就是為什麼社會控制這一課題，在不同國家會產生不同的應對機制。在歐洲，這個手段一直被廣泛使用，超額徵收機制似乎沒有引起太多意見，反對的聲音也不多。而對才正逐漸擺脫自由放任（laissez-faire）體制的美國人，則仍然經常對超額徵收抱持著懷疑甚至厭惡的態度。

　　超額徵收究竟是不是一種合理的社會控制手段，大抵還是得視其使用目的而定。倘若取得剩餘土地，是為了根除殘餘地造成的問題，或保障公共建設的美觀和用途，一些原則變化是可以通融的，但若城市只是為了要賺錢就另當別論了。以超額徵收來控管殘餘地和保護建設，兩者的立論相似。在這兩種情況中，城市取得多餘土地的目的，與主要的計畫目的密切相關。如果城市可

以蓋公園或林蔭大道，以此來提升地區的美感與促進市民的健康快樂，那麼城市也應該採取一些手段，避免這些建設受到損害或毀棄，比方受到周邊長期窳陋閒置地塊或是未受管制、有礙觀瞻的鄰接土地使用方式影響，造成建設的貶損。取得剩餘土地，其後在限制條件下將其出售或出租，該條件的目的與取得土地後供實際公眾使用這類作法的目的相似。這麼做很少人會否認城市超額徵收土地是為了做些事情、為了達成某些目標，而只有過時的社會控制理論、或反對社會控制的自由理論會認為其不正當。宣稱城市可以蓋大型且所費不貲的建設，卻不能夠以適當的手段向市民保證可以充分使用、享受該建設，這就與一世紀以前觀念狹隘的個人主義者沒什麼兩樣。

雖然人們可能同意這兩類超額徵收具有善意的目的，卻不見得認為超額徵收是唯一或達成目標的最佳方法。假如社區的福祉仰賴國家或城市對公共目的的掌控，首先得要求該掌控手段必須有效且適當；其次，該手段的實施對於個人的行動自由和私有財產權的干預要盡可能越小越好。這正是為什麼以超額徵收來解決殘餘地的問題和保護公共建設會飽受攻擊，要保護街道的功能或公園的美觀是一回事；以最劇烈而強硬的手段，造成個別居民利益的不便和損失，則又是另一回事。據稱，有其他不那麼激烈的手段可以讓城市達到同樣的目標，像是僅徵收建設物周邊土地的地役權（easement），為對所有權人所造成的權利限制支付合理的價格，因而得以使用土地，並適當確保建設物不會減損外觀或受到其他損害。但這個單純、相對無害就能夠成就美意的方法卻被棄之不用，反而打算動用超額徵收：奪走鄰地所有權人的財產，攫走他以免他來瓜分地產增值的好處，迫使他另覓不便利的新土

地，接著再來傷口上撒鹽，或許把從他那裡徵收來的地賣給他的商場對手。超額徵收的反對者認為，這個政策對私人權利造成不合理且非必要的顛覆。確實，城市或國家不必要地干預市民的權益，這實在於理不合。問題的關鍵在於：這是否為不必要的干預？

贊成與反對以超額徵收來保護公共建設的論點可以簡化成：為了達到預期目標，運用這個手段是合理、必要的嗎？城市也許會善加運用這些方法來有效達成正當目標，也沒有義務只因為還有其他雖然不夠精準又迂迴，卻不那麼強硬的作法存在，就避免使用最直接、最有效率的手段。要判斷的問題是，相較於其他可能的作法，尤其是徵收地役權，超額徵收是不是真的更有辦法守護城市所力圖的目標，因而有必要對私人財產權採取強力的侵犯？前面有說過，這是孰輕孰重的問題：為了讓公共建設能造福民眾，其對應政策的施行效率，比起犧牲個人財產權不受干預的自由，有來得更重要嗎？這個問題的答案永遠不會令每個人滿意。它也是個無法訴諸理論或臆測的問題，只能理性地比較超額徵收和反對者所提出的其他方案，實際運作起來有什麼分別。

為了讓城市或國家賺錢而施行的超額徵收，與為了適當保護公共建設而實施的超額徵收，兩者有一個極端不同的原則。前者的城市徵收私人土地是希望得到經濟收益，當城市決定脫手剩餘土地，並不需要對其使用方式加諸任何限制。那塊地可能會蓋滿怪誕醜惡的建物，或者滿是摩天高樓或廉租公寓。提及這類超額徵收的法規，其用字常常是剩餘土地無論「有／無適當限制」均得租賃或出售。也就是說，假如限制措施可能不利於某剩餘土地的利益，城市則有權不對該地加諸任何限制。如此一來，便不該宣稱在這種放寬政策下，徵收剩餘土地是為了設施的營建或保護

等公共目的。當超額徵收只被當作生財之計，便不能與本書前述符合正當原則的案例相提並論─也就是徵收私人財產必須僅是為了與主要公共建設密切相關的目的。

當然，有些人會說剩餘土地是由於附加於主要建設的目的而被挪用（appropriated），以減少城市在整體工程的支出，而且不過是拿回一部分城市所賺的錢，好減輕財務負擔。但另一方面，如果城市可以只因為想要這筆從賣地得來的錢就徵收多餘的土地，我們大可問，哪塊地不可以用這個理由被城市奪走？市民的財產被課稅以確保政府收入，在我國倒從來沒有人主張政府可以因為國庫空虛就以強制徵收權力來剝奪個人的財產。

前述為了薄弱的財政理由而進行超額徵收，目前還未有人為之辯護。此政策的潛規則是，城市藉由企業體和資金創造的增值來獲利，超額徵收是擷取部分利益最直接、有效的方法。換句話說，城市徵收剩餘土地，然後賣掉這塊宣稱不是從某個市井小民手上奪來的地，因為城市需要這塊地，而地屬於某個人；城市不過是用了最有效的方法，避免那個普通市民把政府口袋掏出來的錢所創造的價值，放進他個人的口袋，沒有一個正義理論會為他背書。研究這個問題的某個名人有段金句：

國家說：「國家花費納稅人的錢在你的土地上，因此你的土地將因不勞而獲所有增值，這些增值並非自然的增值（unearned increment）[8]，而是可以收穫的增值（earned increment）。利潤不是你賺來的，而是納稅人的錢而賺得的。我們主張種豆得豆，種瓜得瓜，既然是納稅人的錢創造出的增值，就應該回到納稅人身上，而且要透過國家來辦。」……在超額徵收的例子裡，由於原

所有權人沒有付出的增值部分並沒有被課取。他被支付得好好的，而且事實上，在大多數因為任何原因徵收土地的案例裡，甚至都被過度支付了。他真正被奪走而一去不返的，是從納稅人的錢創造出來的增值。」[9]

討論公共建設工程創造的增值的部分，公部門到底該拿回多少才符合社會正義，對本研究無關緊要。美國可能和其他文明國家一樣，鮮少在意國家或城市應該至少保住一部分增值。也很少人能夠胸有成竹地反對這一深植人心的信條：凡誰花費精神和金錢創造了價值，便有權利享有該價值，這不僅適用於個人，也適用於國家和城市。

若土地價值的自然增值（unearned increment）並非來自特定公共建設，而是社群正常成長擴張所造成的，許多研究社會和經濟課題的學生認為，至少有一部分該歸公共享有。更強硬的做法便是城市或國家有權實施漲價歸公，畢竟增加的價值是從公共改良工程的經費賺來的。

雖然很少人會反對土地增值的利益或補償應該讓公眾共享，超額徵收所要鞏固的也就是這部分的獲益，但談到超額徵收是不是城市取得該筆利益最合宜的方法，各方意見分歧。反對者抨擊這是用不正當的手段來做正當的事。其實，將超額徵收作為獲利手段，與作為公共建設的保障，受到的反彈是一樣大的。反對的理由是，即使方法的用意是要順利達成有益的具體目標，超額徵收卻無理及惡意地干預了所有權人的財產權，因為它已經遠超過合理必要的作為。每個市民的自由與財產都該免於政權的干預，以公眾利益優先的理由強取之並不公平。若有其他可以有效達成

同樣目的的方法，又不會損及個人的權益，就沒理由非得用超額徵收這麼激烈的手段。

　　除了超額徵收之外，至少有兩個重要的方法讓城市可以起碼保住一部分從公共建設工程產生的增值收益。第一個是大家熟悉的課徵特別受益費（special assessments）或改善稅（betterment taxes）。特別受益費是向受益人徵收的一筆費用。當城市推動一項必然立即嘉惠周邊所有權人的建設，應當針對該地按其受益比例評估，徵收一筆回饋到建設的費用。這套機制運作完善，大部分美國城市至少都貢獻過一部分打造、改善街道或者公園的經費。通常，特別受益費只會針對直接面對該建設的土地來收取。不過，理論上不論座落在什麼區位，任一土地受惠於公共建設的程度都可以估量，實在沒有理由不適度收費來分攤城市支出。有些城市已經這麼做了，但總的來說市政當局這筆費用徵收得很保守。無庸置疑，此一讓公共建設所創造的價值部分回歸國庫的方法，肯定可以比目前再更有力道，各地皆然。

　　然而，課徵特別受益費有個關鍵的限制，也是因為這樣，主張以超額徵收來增加財務收入的支持者認為特別受益費不過是半調子的措施。按照一般法令限制（statutory limitation）和過往實務經驗，城市課徵的特別受益費不得超過建設的總經費，[10]通常特別受益費的金額也不大，因為若干州的法律不允許向特別受益的所有權人徵收全額的建設支出。但目前還沒有任何城市用這個方法賺到錢。因此所有權人又把錢付回給城市，不是他的土地漲價的金額，也不是某個固定的比例，而是分攤該公共建設的一部分費用。城市沒想要用此方法多賺錢，最多只是想打平建設的支出。顯而易見，在特別受益費的這一架構下，城市無法把所有公

共支出所創造的增值利益都納為己有，即使以純理論來說它確實有權這麼做。凡超過建設經費的利益，換句話說可能是城市希望合法運用超額徵收來獲取的利益，在特別受益費的體系裡都被摒除了。之後或許可以來細究這個政策，但在這裡可以觀察到，由於它的侷限性，使得它與超額徵收在本質有所不同，從理論的角度來看，至少它很難與超額徵收匹敵。

還有另外一個保住增值收益的辦法，讓城市可以從公共建設裡賺錢，而且這個辦法不會像課徵特別收益費那樣限制重重。它就是一種增值稅（increment tax），美國城市不曾採行此一政策，但有幾個歐洲國家施行過。與特別收益費類似的一點是，這筆稅收可能會向土地因為公共建設而顯著增值的所有權人徵收。由於特別收益費的課取是根據該建設的支出費用，因此其收取的費用是固定的，但是增值稅則不同，其差異乃是它不是建立在支出費用，而是根據其為私人土地帶來的金錢收益。有課徵這筆稅的地方，只會約定成俗地課取一部分的增值，理論上，城市或國家似乎沒有理由停留在一定比例的增值稅。可以想見，公共預算支出所創造的每一分價值，透過有效徵收賦稅，都可以回收國庫。該如何估價和課徵此賦稅不是這裡要談的，但它至少在原則上是一種機制，讓城市可以正當地盡可能獲得等同超額徵收可以得到的增值：也就是全部。

然而，增值稅和超額徵收對市民權益的影響程度有顯著的差異。當然，針對這一點，攻擊砲火最猛烈的便是超額徵收的反對者。他們主張增值稅讓所有權人吐出由城市掙得且具正當性的利益，所有權人本身並沒有任何損失，他只是沒有得到期望的利益，而這利益根本不屬於他，他的貢獻也沒有比其他任何人來得多。

他就像一個希望有錢的親戚可以在遺囑中把一大筆錢遺留給他但最後落空的人，實際上並沒有比之前更窮。況且城市已經代表納稅人，得到所有納稅人的錢可以掙得的利益了。反之，對超額徵收而言，增值稅給不了的部分，城市也不應該得到。當然這是假設運用超額徵收僅是為了財務收益。徵收多餘土地再賣掉或出租，顯然，透過單純的轉一手獲利的過程城市無疑便可以得到徵收多餘土地增加的價值。照道理，城市不應該再拿到更多。市民的財產被徵收增值稅，使該市民無法享受到增值的好處，而這個土地增值是城市、而不是他自己創造出來的，所以他也沒什麼好抱怨。但除了這樣，他的確還是有一些損失：他失去了某一塊土地的所有權、失去了他在街區或商業區的地位，而且不能保證可以恢復。城市得到了土地所有權，接下來它可能與私人訂定契約或者拍賣土地，但沒有義務一定得把土地賣回給原所有人。個人可能被迫去其他地方買地或蓋屋，在他地另謀發展，造成極大不便，而且其金錢損失不一定能衡量；他甚至可能得搬得很遠，而這些對他所造成的不幸，可能都是來自於人們假設那些公共建設會對他產生好處的理論。此人的財務狀況有可能比之前更糟糕，只因為他剛好持有土地，其價值恰好因為公共建設而上漲，而這設施可能是違背他的意願的。但這對城市來說還不夠，它不讓個人擁有地產增值的利益，甚至還懲罰土地的持有者。城市對他說：「我們要確保你沒有從你的地得到任何一分好處，那些好處不是你掙得的，是我們掙來的。而且必要的話，我們會把地再賣給別人。」這一點被視為對神聖的私人財產權不必要的侵犯，這種侵犯是毫無可能加以辯解及予以正當化。

假如所有前提都成立的話，這個論點極有說服力。如果增值

稅可以像超額徵收那樣有效率且適當地獲取屬於城市或國家的正當利益，超額徵收對私人權利的干預就難辭其咎。但支持超額徵收的人不同意這個假設，他們視超額徵收為最有效、最明確可以取得屬於城市的增值利益的手段。在執行這套機制的過程，所有由所有權人承受的不便和損失，都被全數正當化為讓公眾得到利益並用最務實、適合的方法來達成預期的目標。這個爭議取決於兩種方法的實效，進行平衡取捨，將公眾的方便凌駕於個人的不便。

　　前面已經探討過超額徵收被用以達到不同目標──根除殘餘地的不良影響、保障公共建設的美觀和健全、確保由公共預算創造出來的增值利益。超額徵收的結果是顯而易見的，然而，要達成這些目標仍有其他政策選項。說要保障公共建設或擷取公共建設所創造的利益，與認定超額徵收是達成目標的必然手段是截然不同的。這裡該下個結論：超額徵收究竟是不是達成這些目標最公平、最明智的方法，要看它實際運作起來，比起其他不那麼激烈侵害人權的制度，效率是否有顯著提高。接下來的章節將試著分析超額徵收的實施情況，來判斷其作為一種實務措施有哪些優劣，以及它作為一種被設計出來達成目標的手段之真正價值。

1　威斯康辛州法（1911），第558章第2節。

2　見後文p.49。

3　Moore vs. Sanford, 151 Massachusetts, 285 (1890). 1869法令，第446章；1875年；第239章；1884年，第290章。法院認定此案合憲，聲明州政府獲得的利益僅是該工程目的的附帶結果。

4　見案例：南卡羅萊納州民法，第48章第9條（1909）；1913年麻薩諸塞州法，第543、759、767章。

5　工人階級住宅法（Housing of Working. Classes Act）（1890），維多利亞53年至54年，第70章，曾於1893、1894、1896、1900、1903和1909年修正且擴充。1915年麻塞諸塞州通過以下憲法修正案：「首席法庭（The general court）應有權授權州政府取得土地且持有、改良、分割、建築、出售之，並採取一切相關的法律行動，以減輕人口過剩的問題及為市民提供居所：但是此修正案不該視為授權以低於交易價格之金額從事土地或建物之買賣。」此權力至今仍未行使。

6　Herbert S. Swan曾向紐約市稅務委員會（Committee on Taxation）提出關於超額徵收的報告，他將其中一章〈清除蘇格蘭的不衛生地區〉收錄於自己的專著裡。

7　譯註：殘餘地（lot remnant）意指比例占基地總面積50%以下的土地部分；相反則為調配地（adjusted lot），為比例超過基地總面積50%以上的土地部分。

8　譯註：並非由於勞動或改善經營，而是由於需求增長的自然原因而產生的價值增加，如人口增長或社會總體進步所帶來的增值。資料來源：http://lawyer.get.com.tw/Dic/DictionaryDetail.aspx?iDT=80797

9　Andrew Wright Crawford，收錄於《第二屆全國都市規劃研討會論文選集》（*Proceedings of the Second National Conference on City Planning*），1910，頁155-6。

10　稱這點限制為法治的基本原則，似乎是有點過頭。在Cooley和"Cyc,"的陳述裡面都提到，受益費應不超過建設的款價，所有權人得有權要求按比例退回建設經費裡被多徵收的費用。《庫利論稅制》（*Cooley on Taxation*），頁p.1263; 28 "Cyc," 1155。這個案例的援引是要用來支持上述的陳述，然而，這是由於法令的解釋，授權課徵受益費以籌措建設開支。在這種情形下，該限制僅是一種法令的規定罷了。沒有案例顯示城市為了牟利，刻意去評估私人土地累積的利益全額，並使其超過建設的成本。不過，受益費之於工程經費的限制已完備，應用亦廣，可視為美國體系下，特別收益費的特徵。

第二章

超額徵收與殘餘地的問題

　　關於殘餘地的根本問題，前已概略勾勒一二。[1]殘餘地的惡，乃源自於非常古老的邪惡，即使預防的措施再怎麼有智慧，問題也很可能持續發生。城市中大量的殘餘地，肇因於失敗的街道規劃，或者根本沒有規劃，但沒有任何人能事先預知到，當高速公路網布設之際，有助於城市成長的開發建設，竟然會在眾多街道開闢或拓寬後，留下一圈派不上用場的畸零地。不管是怎樣的理由，任何城市總有某些街道的景觀會被這些零碎地破壞。殘餘地所造成的普遍惡果和處理問題的迫切性不容否認。

　　在建造公共設施時，有兩種造成殘餘地的可能。第一種是拓寬現有的高速公路或公共空間，或者開闢一條平行緊鄰舊路的新道路。城市裡的房地產通常呈現一種棋盤式的分布，如此每個持有者便可分到方正或長形的土地。當然，這意味著同一條街上，切分相鄰土地的邊界線將會和街道呈現垂直的角度。大家都知道把街道拓寬不會改變這樣的情況，也不太會讓街道沿線隨便散落著畸零地塊。但假如拓寬的規模適中、取得的新土地又能平均地來自街道兩邊，其實老街的拓寬工程不一定會產生閒置地塊。雖

然某些案例的拓寬工程比較極端，或者情勢所逼，得從街道的其中一邊取得所有土地。在擁擠的地段，個人持有的地塊深度不深，造成各相鄰土地的所有權人最後的土地寬度還是和以前一樣，但是深度只剩下幾英尺。換言之，新拓寬的街道可能只分布在整條路線的單側，或者兩側都拓寬，而沿著道路邊緣的土地分屬多個所有權人持有，他們剩下的地塊淺到只能立個布告欄或柵欄，而沒有任何其他用處。

不久前，紐約的一項重大建設就產生了類似問題。跨越東河（East River）的威廉斯堡大橋（Williamsburg Bridge）為了開闢一條聯絡道，決定要拓寬德蘭西街（Delancey Street），在包厘街（Bowery Street）西側延續聯絡道工程，也就是現在的肯莫街（Kenmare Street）。這個工程完成的時候，新建的公路周邊都是不到十英尺深的狹長土地，有些地段的深度甚至不到一英尺。這些殘餘地塊的持有者不僅無法像同一條街上的其他所有權人享有巨大的利益，也沒有像其他任何人可以從中得到好處。[2]沒必要繼續敘述類似的案例——它們經常伴隨著各種公共建設而來，雖然因為公共建設產生的殘餘地塊不比其他原因來得多，但是當殘餘地出現的時候，往往會圍繞著街區或公共空間，規模驚人，也嚴重損害每一個所有權人的利益。

即使一般產生殘餘地的原因有點不同，它們造成的影響跟上述類型的殘餘地卻差不多。棋盤式街道和私有地在美國城市非常普遍，顯然一條新的高速公路不可能斜切過劃定的區域，卻不把原本長條形或正方形的土地切割成各種奇形怪狀的多邊形或者留下小塊的楔形碎地。有時候這些殘餘地小到幾乎全無用處，有時候它們被利用的方式貶損了周邊的景觀，也削弱了整體街區的功

能。它們不太可能、通常也不會一路沿著整條公路，而是頻繁間隔地出現，對比周邊光鮮亮麗的建設顯得礙眼。在德國，當城市要開闢街道或者重劃土地，會盡可能維持私有地的既有分界，盡量不造成殘餘地，以降低其負面影響。但即使如此戒慎小心，都還不足以根除這個惱人的狀況。[3]在美國，並沒有像德國採取這種預防措施，也因此弊害叢生，情勢非常的嚴峻。[4]

上述情況的殘餘地，所造成的傷害顯而易見。實際上，這些持續出現且難以管控的殘餘地問題，會造成四種對公共和私人利益的危害。

第一，這些殘餘地對公共福祉造成威脅，它們雖因公共建設而產生，卻很可能抵銷該公共建設原本的功能，甚至阻礙周邊街區的發展。它們不僅不雅觀，也不屬合法使用，導致沒有人想要持有這些零碎地，連帶也影響了周邊土地的持有意願。街道拓寬之後，某人的地只剩下六十英尺寬、五英尺深，他自己無法使用那塊地，也沒能從街道改善獲得什麼利益，甚至後面的鄰居本來該是街道旁的所有權人，卻完全分不到該建設帶來的好處，甚至也沒有鄰接在街道邊。還有人原先打算投資買房自住或做生意，念茲在茲希望落腳在有優質鄰居和環境的區域，像是有高檔住宅與高檔商店的地方。高速公路開發之後，沿線留下無數殘餘地，原本周邊的所有權人應該是該建設爭取支持的主要對象，也是推動整體發展不可忽視的一員，卻因為零碎地造就的鄰居和環境而非常不願意繼續持有土地。其所導致的結果是不佳的建築物越蓋越多，或多或少影響了幹道的美觀，地景也被大量的醜陋建物所破壞，因而被評為劣等街道。市府發現如此的花費沒有帶來高品質的住宅和商業發展，反而助長了龍蛇雜處、平庸又醜惡的街道，

這讓任何一個擁有常民美學的人都感到絕望。

　　第二個殘餘地帶來的危害是第一種危害的產物：城市面臨必然的財政損失。一開始，城市徵收了某個人的土地，留下派不上用場的剩餘土地，所付出的成本通常不會完全回收。實務上在這類情況，城市支付的徵收費相當於整塊地的價值。[5]從持有者的角度來看，即使只餘下一塊沒用的碎地或建物在手上，對他來說也夠公平了。但對城市而言，它雖然支付了整塊地的錢，卻只能從可用地中回收，本身就不划算。再者，城市通常試圖以特別受益費（special assessments）來至少支付部分公共建設的費用，殘餘地在這邊就會造成困難。法律也明文規定所有權人有權因為土地被徵收造成剩餘土地而求償，城市所要付出的損害賠償可能就抵銷了預估的利益，[6]甚至超過對殘餘地的課稅收入。另外，周邊土地雖因開發得利，卻也同時面臨傷害，殘餘地必然會貶損城市原先所評估的土地價值。但不只如此，如前所述，當這些殘餘地影響了周邊區域的發展，導致整個地區不再具有吸引力，城市損失了原本可以透過增加稅收獲得的大筆收益。在此之前，城市或許盤算著一個重大建設會帶動該區土地和房舍增值，由此增加可觀的稅收，但後來卻發現土地價格幾乎平抑在原價，就是因為殘餘地之故。因此，要以稅單中可預期的增益，用來補償公共建設的主要開支幾乎是辦不到的。城市徵收某個人的土地的一部分時，可能很少支付到徵收整塊土地的價錢，其實城市卻常常支付差不多整塊土地的價錢，卻留下一塊剩地，削弱了補償建設費用的能力。說殘餘地可能讓城市損失金錢，實在也沒錯。

　　不過，殘餘地之弊害所造就的輸家也不光城市而已，毗鄰公共建設的所有權人也深受其害。持有殘餘地的人常常慘兮兮，手

上留著一塊沒辦法好好運用的地，也無法賣個好價錢，可能還得支付公共建設的特別受益費，即使他始終未能從中獲得任何實質利益。照規矩，他不得變現土地積累的價值。他所受到的損害有可能抵銷地價，但他只剩下一塊幾乎毫無價值的碎地，既不能盡情使用，除非鄰居願意買，否則根本幾乎不可能賣出去，因為那種碎地的唯一實際或潛在價值就是能夠被併入周邊地產。

　　但殘餘地的持有者不見得比他的鄰居慘。該鄰居擁有大片土地，緊鄰嶄新或改善過的街道，卻被一塊碎地阻隔，他的土地沒有因為建設而如預期地增值，只因為他隔壁鄰居的地被不幸地削去了一部分，他便被迫支付龐大的特別受益費來負擔建設的支出。他沒遭受什麼損失，畢竟隔壁的殘餘地雖不入眼，但算不上是直接且可量化的損害。不過，原本以為會加諸於他的利益，卻因為週遭的問題而幾乎抵銷或消失殆盡。他不僅損失金錢，還無法善用自己的土地。在紐約市，有些完工五年以上的重大街道改善工程，但適當的發展卻未開展，倘若某所有權人的土地被礙眼的殘餘地所包圍，他的土地的利用價值恐怕會比出現建設之前還要低。有時候，開闢或拓寬街道是為了將貧窮的住宅區轉化為商業區。像這樣的狀況，殘餘地會阻礙街區的發展，接壤的所有權人可能發現自己的地產比起以前沒那麼有利於蓋住宅，但要作商業用途也不夠吸引人。這條街沒了住家，也沒有變成商店街，它就只是一個平庸的存在。所有權人變得比之前還要拮据，他還得繳交特別受益費，卻沒分到好處。[7]

　　第四種殘餘地造成的危害，前面已經稍微提過，城市和私有地的所有權人都深受其害——也就是這些畸零地實在太難看了。其產生的危害或許很難用金錢來衡量，但依然嚴重。任何一個經

過的人都不可能不注意到它們對景觀的破壞，就像一個美輪美奐的屋子裡，客廳的地板卻堆滿建築工人所丟棄的垃圾。殘餘地是都市規劃的刨屑和垃圾，除非城市將它們掃起處理，否則它們肯定有礙觀瞻。或許一塊小小的三角形土地本身並不難看，但對一條滿是住宅和商家的街道來說，卻很不恰當。殘餘地不僅顯得格格不入，看起來也很不對勁。除此之外，它們為不動產示範了最糟糕的用途，根本不值得一書。無論地塊大小、形狀如何，上面被亂丟垃圾，佈告欄一個個豎立，一層樓高的「貨攤」與簡陋棚屋也沒好到哪去。當然，這些殘餘地被用成這樣，令人反感，但卻也可以理解。事實上，它們越礙眼，所有權人越有機會把它們賣掉。很多案例都顯示殘餘地的所有權人把它們搞得極度糟糕，這樣才有機會從不滿的鄰居那裡「敲詐」到超過實際價值的賣地價格。殘餘地實在極盡醜惡之能事，讓人無法忍受。

回顧過去，針對殘餘地和其關聯的市政建設有如下譴責：這類零碎地嚴重阻礙了公共建設周邊地產的有效利用，很可能讓城市推動建設的原意落空，導致市政當局的財務損失，私有地的損害和土地價值崩跌的情況屢見不鮮。對該地和周邊的所有權人，這些殘餘地都造成了他們的損失，讓這兩類土地的持有者無法妥善運用自己的資產，也享受不到建設帶來的完整利益。最後，殘餘地本身就不雅觀，再怎麼用都只會讓它們變得更糟而已。

因此，三不五時自然會產生許多新的方法來解決如此普遍又棘手的問題。打算以超額徵收來處理殘餘地之前，值得先考慮其他可以達成同樣目的方法。

第一個方法是重劃公共建設周邊的土地以除掉殘餘地，透過與有意願的所有權人合作完成重劃。按照現行法律，若想解決殘

餘地的問題，這個方法是適用於美國大部分城市的唯一解，理論上，這個方法值得稱道。按理說，相鄰地的地界能經由買賣重新調整，將零碎地併入旁邊的土地。任何爭議都能和平地解決，不需要威逼。其實，這個方法不過是把將來的糾紛先「庭外和解」罷了，事實也是如此。

說所有權人不可能自願配合重劃殘餘地，有點太誇張了。而這套運作方式在德國的三、四個邦行之有年且小有成績，像是普魯士（Prussia）、薩克森（Saxony）、巴伐利亞（Bavaria）和漢堡（Hamburg）。某些案例的所有權人似乎配合得心甘情願，不過在巴伐利亞，建築警察（building police）擁有很大的自主權，他們經常給所有權人施加強大壓力，以拒發畸零地的建築許可迫使所有權人配合重劃。漢堡本身在市區買下了大片土地，假如某一區需要重劃或重分配，而所有權人拒絕配合，有幾個例子便是城市不願開發本身持有的周邊土地，就把不屈服的所有權人找出來，勸說他們重新分配土地或者賣地。然而，德國城市規劃的歷史似乎顯示，要所有權人自己主動重劃來順利解決殘餘地問題，只屬特例而非常規。[8]

這種處理殘餘地的作法，必然不可能是治本之道。原因有三：其一，這方案要能成，需要所有所有權人的同意，但全然的共識往往幾乎不可得：各路人馬的動機、利益和期待各異，還得和平達成協議。每個人都急切地要保障自己的利益，想從公共建設分到越大的餅越好。有些所有權人對買賣不感興趣；有的人願意買但不願賣；有人則想賣不想買。就算把買家與賣家兜在一起的困難解決了，棘手的價格問題依然存在。持有某塊不怎麼樣的殘餘地的所有權人覺得鄰居為了要趕走他，遲早會點頭同意他開出的

價碼；而鄰居則打算把土地先扣在手頭，等到殘餘地的所有權人再也受不了，把地低價脫手。在這當中會產生很多負面情緒、漫長的延誤和意見分歧。往往還有其他實際的困難會阻撓一些其實有意願的所有權人參與合作。假如所有權人本身是未成年人、債權人或長年在外，就幾乎不可能找到那塊地的持有人是誰，就算找到了，要他來評估是否賣出一塊或許他根本不曾看過的地也是個難題。顯然這類自願重劃殘餘地的合作態度也可遇不可求。

第二種實務上會遇到的困難，就是某些土地必須得賣，以確保最優的地界調整，但它們的所有權人卻被法律禁止賣地。各方可能都虎視眈眈準備出手買賣，但假如某塊地必須易主，但其持有者卻無法讓渡土地，整個重劃計畫都可能因此泡湯。[9]或者所有權人破產了，法律不允許合法讓渡土地。基於上述原因，某人就算有意願，恐怕也無法與鄰居配合。這些狀況也許偶爾才發生，但當真的出現時卻殺傷力十足。

第三種對殘餘地處理作法的異議，在於它造成的耽擱、多餘花費和技術細節，而當某一塊私有地易主時，這些都無法避免。假如計畫的其他面向是有效且令人滿意的，這些問題倒是不那麼要緊，也並非致命的缺陷。不過，顯然，要仰賴所有權人自動自發地配合讓殘餘地以理想方式重劃，就是把問題丟著卻不提出解方，只有極少數特殊情況下，這種方法才會獲得成果。

對於殘餘地的問題，還有第二種解套方式，其與第一種方法相去不遠。就是由這一方自願提出重劃，政府提供建議和協助。前面提過多個德國的邦，其城市會主導私人殘餘地的重分配，例如透過拒絕核發蓋在畸零地上的建物建照、或者採行可以達成該目標的土地發展政策，雖然後者通常是非正式地實施，影響較不

那麼直接。英國政府要求私有所有權人配合重劃的力道，比起德國各邦更強、更直接，雖然最近的分析顯示，效果不見得更好。英國官方為了對付殘餘地採取的行動，乃是由1909年知名的《城鄉規劃法》（Town Planning Act）授權， 要求地方政府必須「針對預定納入重劃的土地，在每個程序階段，透過會議或其他法律規定的方式，[10]確保地方政府、所有權人和有意願的買家之間的合作」。換句話說，市政當局主動召集有意願的所有權人，說明調整地界會為彼此帶來哪些好處，確保因地界調整導致的各種爭議能夠和平解決。城市並沒有強迫任何人買賣，只是提供建議，點出重劃的優點、既造福公眾也促進許多私有所有權人的最大利益，創造和平對話的機會。

　　無論推理和經驗都顯示，比起官方完全不介入提供幫助，這種方法的成效更好。市政府這麼做對於消除鄰地所有權人彼此之間的猜疑很有助益。舉辦或主持討論的人並不偏袒任何一方，而是代表城市整體的各種利益，所有權人漸漸覺得自己是向社區提供一種具備公共精神的服務，也能保障個人利益。當條件成熟，案子自然可能達成折衷與共識；假如只靠個體行動和個別議價，恐無法達成目的。著名的英國城鄉規劃權威奈特弗爾德（J. S. Nettleford）將此規定視為1909年《城鄉規劃法》裡最有價值的部分，該法案透過所有權人的合作進行地界的調整。他詳盡地描述數個複雜的地界重劃案例，在市政當局的建議和引導之下，所有權人之間達成了友好共識。[11]

　　透過政府協助私人合作，這種處理殘餘地的手法截至目前為止成效不錯，不過，它卻非適宜與治本之道。此法本身的侷限很明顯，假如所有權人可以友善合作，那很好，但若任何原因導致

合作不成，這個方法就根本派不上用場。要全然仰賴自主合作，就像不去為遲早必將發生的風險做準備。假如哪個所有權人性格固執或一時衝動，不願意合作，就沒有任何處理殘餘地的辦法能發揮功效。

第三個殘餘地問題的解套辦法是由德國幾個比較進步的州和城市提出的，也就是讓公權力介入，重分配各所有權人手頭上礙眼或無用、需要被重劃的殘餘地。這種方法在德國發展出的細膩度和技術，表示該國亟需找到有效的土地重劃策略。此一古老問題，其根源與存在於美國的情況有點不同：需要重劃的土所有權人要並不是侷限於殘餘地，數百年來，這些地塊被切分成各種的奇異的條狀或塊狀，或許對德國的農民來說很合用，但卻不符合都會需求。為了妥善重劃這些條狀地，德國政府想出此法來進行重分配，雖然此法所設想的情境與當前我們面對的殘餘地問題不盡相同，不過尚可用來比照思考重劃土地的方法。

最知名的土地重劃手段乃是《阿迪克斯法》（Lex Adickes）裡的條款，此法案以其提案者，也就是聲名卓著的法蘭克福市長（Oberbiirgermeister）為名，歷經十年爭論之後終於在1902年由普魯士州議會（Prussian Landtag）通過，[12] 1907年修正細則。巴登和薩克森也有類似的法律，[13] 但卻只有法蘭克福將此法付諸真正的考驗──《阿迪克斯法》首次在法蘭克福通過，後來傳到普魯士王國。這些關於強制重劃的法條略有差異，但都服膺《阿迪克斯法》的一般通則，因此接下來的討論也會以此為基礎。根據此法，需要針對重劃提出一套方案，或許由官方提出，也或許是由半數以上將被影響到的所有權人提出，條件是他們有超過一半以上的土地需要被重劃。待重劃的細部計畫草擬完成，各方提出

異議之後，必須獲得中央機關的官方核准，甫能執行重劃作業。某些重劃計畫包含規劃新街區，但是沒有收購土地的統一政策標準。某些情況下，城市必須將那些供後續公共使用（public use）的土地全數買下。《阿迪克斯法》的內容是，當城市提出重劃需求，若被重劃為街道的土地面積少於整體面積的三成五，城市便不需要為那些做為街道的土地支付任何費用，但若超過這個標準，便需要對超過的部分付錢購地。倘若是由所有權人主動提出重劃申請，標準就會調高到四成。當街道被重新規劃，該區其他土地就會被集中重新分配，作為適合的建地。某人雖然失去他原本持有的土地，但得到同一區裡另一塊地，與他之前湊合起來的地差不多大小，也盡可能與他原本的地離得很近；假若新土地的價值比本來的地低，此人就有權要求賠償損失，所有所有權人得依比例求償。《阿迪克斯法》規定，當某個人原持有土地只占該區很小一部分，新分得的土地不夠作為建築使用，縱然整併土地也無法達到前述目的時，那麼城市就必須買下土地，並將它賣給隔壁有意願的所有權人。1913年，周邊所有權人要求既然這些零碎土地已經無法再併入原本的土地，那麼法律就就應該強制政府，將那些零碎土地按照他們的需求來賣給他們。在法蘭克福，這一系列行政和法律程序的開支，倘若是城市提出重劃，便都由城市負擔；若是所有權人自行提出，就由他們來支付。在其它邦，也有根據法定比例由城市和所有權人共同分擔的情況。[14]

　　法蘭克福市直到1909年才用上《阿迪克斯法》，從那之後完成了兩個重劃計畫，還有四個正在啟動。頭一個大工程涉及三十二英畝的土地，上面有六十八個獨立持份。其中四十一個所有權人共同提出重劃的要求，他們所擁有的土地持份加起來佔了整個

重劃區的五分之三，其中並有35.4%的土地規劃作為街道使用，而這部分的費用是由城市來支付。相關的法律和行政支出高達五千四百馬克，城市決定自行吸收而非讓所有權人買單，原因是想要盡可能應用這個法律工具。事實上，所有權人所要負擔的唯一支出只有六百五十馬克，這是因為政府取走了那些因為零碎而無法使用土地，這筆錢是用來作為給所有權人的補償。這個重劃計畫在1911年完成。

法蘭克福的第二個重劃案例的規模稍大一些，有一百四十個持份，土地面積達五十一英畝，城市只需要這片地的31.08%作為街道和公共空間，卻付出了巨大的補償金，所有權人付出的金額加起來高達六萬兩千五百馬克，而城市執行此重劃計畫則是花了七千馬克。[15]

德國法律針對殘餘地問題有個獨特的解方，某方面來說與上述兩個案例只有程度上的差異。在第一個案例裡，所有權人自己決定重分配土地；第二個案例則是由政府提出、鼓勵重劃並給予協助。德國的作法是，由政府本身來處理重劃，還給原所有權人等比例的土地。這個作法比起其他重分配土地的方法有些顯著的優點：直接有效，不會因為一兩個所有權人不願配合就受阻中斷。相關所有權人的權益受到適度保障，讓所有權人能在鄰近的地段獲得比例相當的土地，不至於被全數剝奪。假如這塊地小到無法用，他也有機會用合理的價錢把地賣給市政府。從公眾的立場來說，此方法很公平也很經濟。一般說來，只要街道和公共土地不超過整個某個區域的三分之一，城市就沒有義務要付錢購地。土地若非預定為公共用途，只有某些非常特殊情況下才會被城市徵收，後續並被處理掉，並且不會產生投機風險。最後，當有意願

的所有權人提出土地重分配時，城市也沒有義務為流程所需的成本買單。

　　不過有一點必須銘記在心：德國城市面臨的土地重劃，與英國和美國的市政府面對的課題並不完全一樣，德國很少遇到必須在特定區域調整整體地界的情況。《阿迪克斯法》恰如其分地將眾多農地轉為建地，卻沒辦法解決城市人口稠密區裡，公共工程沿線的殘餘地四處散布的問題。事實上，德國這套土地重分配的系統，只適用於尚未有地上物的土地。[16]地上沒蓋樓房，要調整地界比較不是難事，但若要重新劃定蓋滿房子的土地地界，恐怕會造成珍貴財產的毀壞。如在城市裡的建成地區這麼做，造成的糾紛和麻煩更會抵銷重劃土地的優點。更複雜的是，少數案例中，就算土地被調整過，其面積也不足以用來蓋房子。其實，重劃一旦發生後，對於那些面積如果小到無法使用的土地，它們在重劃的主要架構底下，也只是附帶的被處理而已的。如今，與殘餘地相關的一個嚴重問題，就如同現在正困擾著當代美國城市，也就是必須處理土地面積過小，難以運用的問題。即使再有辦法，也無法重新配置面積實在太小的土地。企圖套用複雜的《阿迪克斯法》來處理這類殘餘地會造成玉石俱焚的結果，可以想像這種土地重分配的手段有助於美國城市的某些場合調整產權邊界，但它卻無法適切有效根除殘餘地造成的問題，因為這些問題通常發生在城市裡頭。普魯士正在推動新法，強制要求城市必須取得殘餘地並想辦法整合；符騰堡州的立法在這一方面是最進步的，以超額徵收來處理殘餘地的最新原則也已生效，證明即使在德國，用這種（《阿迪克斯法》）方法來處理殘餘地也不甚恰當。

　　第四種處理殘餘地的手段，也是美國城市最常見的作法，規

定假如殘餘地的所有權人要賣地，而市政府想要買地，可以透過轉讓來達成。這麼做不需要特別運作政府權力。[17]殘餘地的所有權人不會被強迫賣地，也不能逼迫政府非買地不可，純粹是一樁你情我願的交易。

曾容許城市購買殘餘地的早期案例，是1833年施加於紐約布魯克林某個村莊的法規。[18]該法條規定「若有任何土地因建設而造成殘餘地，凡有可能導致損失或不公之情事，相關政府人員得憑藉土地持有人的書面同意，將殘餘地全數或部分匯報之……並分開估算其價值。」城市因此得以買下這些殘餘地，之後再將之售出，最優先得賣給鄰近的所有權人，若未果便必須公開拍賣。目前似乎沒有運用此法規的記錄。[19]

1866年，麻塞諸塞州的立法機構通過一項法案，容許波士頓市政府在評估適合的情況下，購買因為「波士頓街道重劃、變更、拓寬、改善」所造成的殘餘地。[20]

早年這些法案所賦予的權力被施展到什麼程度、造成了怎樣的影響，現今很難下個定論。1904年，馬里蘭州議會通過一項詳盡的法規，成立「巴爾的摩市災後重建委員會」來處理重大火災後的重建問題。[21]法案的第九節敘明：

若具必要性時，為實現主張之目的……土地或其與建設物的一部分得被徵收、使用或拆除，若經重建委員會判定必要，而且無可行之他法，該所有權人或所有權人們得要求全額賠償，而且讓渡全數前述土地或其與建設物……。

詳盡的條款接著敘明土地所有權將被讓渡給市政府，該土地

後續將由市政府轉售之。委員會根據被授予的權力取得了一些殘餘地。有些殘餘地被保留，用於城市的公共服務，其餘的則被拍賣。這樣的處理方式並未遭受強烈反彈，整體結果也令人滿意。[22]

這種處理殘餘地的方法有很顯著的優點，而且所有權人和城市雨露均霑。所有權人不會被強迫賣地，如果他願意的話，還有很多機會可以賣個好價錢。他可以脫手必須繳特別稅的土地，這類地通常賺不了什麼錢也沒什麼用。另個角度來看，市政府也不會被迫收購虧本的土地。而且前面已經提過，仔細精算一下，很多時候由城市取得殘餘地比放任這些地在私人手頭上來得划算多了，[23] 從想要賣地的所有權人手上取得殘餘地，大部分情況城市很有可能因此得利。但城市可以賺多少不是最重要的。假如市政府一時沒辦法靠這些殘餘地得到什麼好處，至少這些地不會被拿來胡作非為。能夠保護自身財產不遭恣意濫用，這種權力不容小覷。有時候，市政府可以為了市政目的而使用這些土地，但其可能對周圍環境並不適當。不過，在許多案例中，城市把零碎地賣給周遭的所有權人，因此確實間接促成了土地重劃，徹底處理掉殘餘地，促進周邊鄰里的最適當及最速發展。

前面已經談了不少，假如所有權人願意賣，允許城市購買殘餘地這策略目前成效還不錯，它的弱點在於運作的時間還不夠長。與其他買賣土地的情況類似，這有賴雙方的意願。假如所有權人想賣，但說服不了市政府，或者市政府想買，但所有權人不肯賣，這樁交易就立即面臨難以克服的障礙。因此，這方法不是能夠應對殘餘地問題的可靠方案。事實上，這個方法當初被提出似乎也不是為了徹底解決問題，而是要保障殘餘地所有權人的利

益，假如他們願意，又有辦法讓城市接手，他們就能夠脫手派不上用場的畸零地。但倘若所有權人拒絕改善或賣掉土地，對社會大眾或該所有權人的鄰居就沒有什麼幫助。從另外一方面來看，就算市政府買下無用的畸零地，假如周邊的所有權人拒絕買下該塊地，還是無法保障令人滿意的重劃。如此一來，結果就是把一個蚊子館從前所有權人轉移到市政府手上，整個作法的著眼點不適當、操作起來也有諸多不確定。

第五種處理殘餘地的手段僅是上個方法的修正版。基本上就是只要所有權人願意賣，就讓市政府去買。此作法的基本原則是，既然城市已經把某人的土地弄得支離破碎，讓他沒辦法自用、也賣不掉，如果他願意，市政府就責無旁貸要接手這塊沒賺頭的殘餘地。美國在不同時期有好幾個法規通過，都在授權這種方案。1810 年，查爾斯頓市（Charleston）推動街道改善工程，導致許多所有權人手上一堆無用的殘餘地，造成嚴重困擾。在所有權人強烈抗議之下通過了一條法案，要求市政府買下殘餘地。[24] 1832 年，路易斯安那州的法規規定，在紐奧良市若有任何人的地因為開闢街道被部分徵收，所有權人可以選擇拋棄，要求市政府買下整塊地。[25] 另一個類似但更詳盡的聲明來自 1858 年的巴爾的摩市政條例，此條例根源於 1838 年由馬里蘭州議會通過的一條法案，[26] 其中第七節規定：

基於特定目的事業之需要，需徵收、使用、毀棄部分屋舍、土地或者全部土地時，其所有權人得要求全額賠償，主管機關應依辦理興辦事業之所需，而徵收全數土地及其改良物，並查明其全額價值。

幾乎一模一樣的規定也出現在1865年麻薩諸塞州的法案中。[27]1904年知名的《麻州殘餘地法案》（Massachusetts Remnants Act）的其中一項條款就規定，倘若殘餘地的所有權人希望將該地賣給市政府，市政府就必須按估價購買之。[28]

其他國家也有類似的法規。英國在1845年頒布《土地條款整合法》（Land Clauses Consolidation Act），裁定為了公共建設取得私人土地的一般政策，包含如下條文：「任何一方在任何時候賣出或轉讓屋舍、建物或廠房予目的事業興辦人，若其有意願全數賣出或轉讓，便不得要求其僅賣出或轉讓部分。」[29]法蘭克福的《阿迪克斯法》要求市政府若遇到無法靠私人買賣來解決的情況，就必須買下土地，因為這些地已經小到難以重劃了。蒙特婁的城市憲章亦有一條類似的規定。[30]

當所有權人表達出售意願，市政府就必須買下殘餘地，這種作法帶來的益處只有所有權人享受得到。這類法案都悉聽所有權人尊便，如果所有權人不想賣殘餘地，他不會被強迫這麼做，但如果他想要把地脫手，又不能談到一個滿意的私人買賣價格，市政府按照法律規定就必須買斷土地。當然，市政府可以保住前面談過的附加價值，也就是這些殘餘地不會被濫用。不過基本上，這個方案圖利與保障的還是所有權人，而不是社會大眾。

其實不少人對此政策提出嚴正抗議，認為它未能適當保障公眾利益，而且顯然不能根除殘餘地的問題。假如所有權人不肯，誰也沒辦法強迫一個固執的所有權人賣掉任何殘餘地，因此無法保證市政府能夠妥善推行重劃。反對聲音更進一步指出，這個政策讓城市難以免於劣質交易，除非城市有能力提出有效的辦法，來重整這些被迫收購的殘餘地。市政府可能會被迫買下支離破碎

的土地，雖然現階段不能發揮任何效用，但城市也沒有權力徵收其他殘餘地以促成有效的重分配。市政府應當接手所有權人手上因為發展造成的無用殘餘地，這種說法雖然極富社會正義，公眾利益卻不見得能被適度保障，除非公部門同時被賦予更大的權力將殘餘地整合進周邊土地。[31]

回顧前述所有方法，似乎沒有任何一種可以妥貼地處理殘餘地的問題而不涉及高度的公權力控制。適切的土地重劃不能夠只仰賴個別所有權人的意願，只要城市無法取得必須被重新分配的土地，或者同時違反官員較好的判斷而被迫接收不需要的土地，就永遠碰觸不到殘餘地問題的根源。私人利益或許能受到妥善的保障，卻必定會忽視甚至危害公眾的利益。

基於這些原因，那些強烈抨擊以此政策達成其他目的的人也越來越看好超額徵收，認為它能夠妥善解決複雜的殘餘地問題。超額徵收的作法確實似乎滿適合的，它規範城市只需要在認定必要的時候才徵收殘餘地。市政府因此可以取得新建設周邊無用、窳陋的殘餘地，賦予公共用途或把地賣給附近的所有權人，不再出現荒謬的情境像是市政府徵收整片土地時，卻獨漏了某個人幾平方英尺的地塊，導致無法拿下全數土地，避免它被隨便濫用。假如徵收殘餘地的權力能夠允許市政府強制對那些殘餘地執行重劃，即使周邊的所有權人反對，政府還是能夠於法有據徵收或購入所有權人主動拋售的殘餘地，而不用擔心這些殘餘地掌握在所有權人手中，卻又不知道要如何使用它們。

徵收殘餘地的政策曾在歐洲和美國以各種形式試行，其法律和實務都值得細究。

1852年，法國施行了一條法案，假如新闢或改正的街道周圍

的殘餘地不適合作為建築使用，市政府有權可以取得整區的地塊，[32]由法國最高行政法院（Council of State）負責掌理，對該權力施行有相當嚴格的規範。此法條最知名的應用案例要屬巴黎市政府，由麻州議會（legislature of Massachusetts）派去研究超額徵收問題的特別委員會記錄了早期運用這個法條的經過。[33]剛開始巴黎市政府想要運用徵收殘餘地的權力來確保適當的建築基地面積，也是為了攫取土地的增值利益。1864年通過了一條法令要闢建部分的雷奧米爾街（Rue Réaumur）來連接交易所廣場（Place de la Bourse）與塞瓦斯托波爾大道（boulevard Sebastapoll）。工程拖了三十年未進行，但最後還是如願完工。這個工程建設附近的大量殘餘地，有的面積高達五千平方英尺，最後都被市政府徵收，遠遠超過官方的嚴格規定。麻州委員會敘述如下：「這些殘餘地被作為建地轉售，而部分面積不足以容納完整建物的殘餘地，則分作兩塊個別出售。」城市取得大塊土地再將之轉售，藉此回收部分公共建設的成本，拍賣土地的收益非常高。

　　該政策在兩方面飽受各界批評。第一點，闢建街道的初期費用非常昂貴，在這個案例裡，賣掉殘餘地即使有賺錢，也沒有改變現狀：市政府買了這麼多地，得承受極高的投機風險，甚至可能導致財政損失。第二點，這樣一個政策對於失去土地的所有權人不甚公平，為了補貼昂貴的建設費用，徵收、轉賣公共建設周邊的土地是一回事；但是，為了補貼費用，只徵收這裡而不是那裡的土地，則又是另一回事。對於那些面積足以作為私有使用和發展用途的殘餘地，其所有權人可以合理抱怨，並主張徵收他們的土地缺乏正當性，因為對於他們鄰居手上那些沒被徵收的土地，政府卻沒有施加同等的掠奪暴力。因此，州議會近年強硬嚴

格規定超額徵收只能針對面積很小、明顯不適合作為建地的殘餘地。十幾年前，州議會還拒絕批准某個街道建設計畫，因為它所徵收的殘餘地竟然超過了六百五十平方英尺。其實州議會不時被批評認為他們嚴重弱化了殘餘地法規的可行性，因為州議會不讓市政府徵收這些無法被所有權人妥善運用的土地。然而，更加嚴格執法的結果，卻增長了所有權人對城市公共建設事業的信心，認為這些事業判斷有據且公平，也確保某種程度與這些所有權人合作無虞，這在之前根本是不可能的。巴黎的經驗整體顯示，無論市政府如何徵收和轉賣殘餘地，及獲得怎樣的增值利益，都仍然必須吻合該事業計畫的主要目的，因為對於建設的主要目標來說這些都只是枝微末節，不該誘使市政府做出不明智決定及不公平的延伸該計畫。[34]

假如稱法國1852和1864年的法案太過縱容為回收資金而允許政府徵收殘餘地的作為是濫權的話，那麼德國符騰堡1910年通過的法案就是另一個極端。這套法案規定政府不得從轉賣徵收來的殘餘地獲得任何利益，不管多小都不行。市政府有相當大的權力可以徵收任一塊地，其中部分必須用於硬體重建，像是清除不衛生的窳陋地區或火災區。或者，當闢建新街道時會產生殘餘地，因而影響附近的土地利用，這時候只要這些殘餘地是單獨地塊，市政府就可以徵收之。但在這兩種情況下，隔壁的所有權人很可能施壓市政府，要求用徵收價格把殘餘地賣給他們。[35]

當然這麼做會導致兩種結果。它除去了市政府只是為了賺錢而不公正與不明智徵收殘餘地的誘惑，但也同樣迫使市政府把理應從殘餘地獲得的增值，讓給周邊試圖取得這些殘餘地的所有權人。市政府運用超額徵收來增加獲利也無可厚非，只要毗鄰土地

所有權人也都能比照辦理；再者，若能夠與土地徵收的目標相一致，那麼也沒有理由不能合法地從徵收及重劃殘餘地的附加價值裡頭來獲利。

安大略省《市鎮法令》（Municipal Act）雖然對徵收殘餘地的目的有所限制，但市政府可以自由處置手上的剩餘土地來謀求利益最大化。法規內容如下：

關於土地權利之取得或徵收，議會得以更優惠的價格或條件自特定的土地所有權人取得更大面積的土地，而不僅是為了實現目的的部分土地，對於那些不需要的土地，議會之後可以轉售與處置之。[36]

本法條的主要目的是要透過土地徵收活化經濟。市政府要以最有利的條件來徵收必要的土地，如果徵收全部比徵收部分便宜，又不會留下殘餘地，那麼市政府就該全數徵收之。[37]多倫多市因為這個權力得到很多好處，透過徵收土地作公共建設之用省下可觀的支出。此法並非為了重劃而徵收殘餘地，除非能夠如前所述，以有利的條件取得這些土地。市政府不會只因為便利或美學的考慮就冒險徵收殘餘地。因此此法規並沒有針對殘餘地提出徹底的解決方案。

在哈利法克斯（Halifax）城市的憲章中，對於殘餘地徵收並沒有以上的限制。根據這條規定，只要市議會認為理由充分，便可以行使徵收權。「如果市政規劃師認為這是權宜之計，市議會得徵收全數土地，其中僅部分為徵收目的所需。」[38]城市其後得轉賣剩餘土地，將收入用於建設的開支。哈利法克斯的助理市政

規劃師對這套機制的運作有如下描述：

> 城市憲章納入這一項命令，乃是為了拓寬街道而進行土地徵收時，經常僅徵收四分之一或一半的地塊，雖然剩下的地還能用於建築，卻破壞了地塊的完整性，經仲裁委員會決議，土地持有人將獲得完整地塊的補償金額。我們曾經多次依據這個命令行使徵收權，成效十分令人滿意，我們因此回收了部分徵收土地的花費。[39]

哈利法克斯市政府有充分裁量權，得以決定是否要徵收任何殘餘地以及最終以多少價格轉賣之。此規定的成效似乎比其他試圖解決殘餘地問題的國家更好。

首開先例賦予美國城市以強制徵收取得殘餘地的權力，則要追溯到1812年紐約的法規給予紐約市此等權力。[40]美國徵收殘餘地的法案一直都與此早期的基本原則相去不遠，當某人的土地必須被用作公共建設，市政當局「酌情認為權宜且適當」，得將殘餘地劃入徵收範圍。不作為公共用途的殘餘地無論其大小均可被城市賣掉，其收益用來支付建設的費用。紐約市用這個法案架構推動了幾樁早期的街區改善計畫。[41]但是到了1834年，州最高法院宣布此法律違憲，理由是它授權以非公共目的來徵收私有財產。[42]

早在1810年，殘餘地的問題在南卡羅來納州的查爾斯頓市早已因為街道拓寬而吵得沸沸揚揚。立法機構針對這個情況的各種努力都記錄在「唐恩控告查爾斯頓市議會案」（Dunn vs. City Council of Charleston）中，州最高法院的意見陳述裡。[43]查爾斯頓

市最初徵收的範圍只有必要街道本身，但是遭到所有權人強烈反彈，認為這樣只會留給他們無用的零碎地。為了緩解情勢，便通過一條法令規定查爾斯頓市得買下這些沒什麼價值的畸零地，用因建設受益的土地所課徵的特別收益費來支付購地的費用。這個作法成效不彰，1817年另外一條法律通過，允許查爾斯頓市透過強制徵收權來取得這類殘餘地。查爾斯頓市很快就運用了這個新權力，不只徵收了唐恩的部分土地以作街道改善，還有一整塊大面積又價值不菲的殘餘地。雖然唐恩提出抗議，這塊地還是在建設完成後被查爾斯頓市以買地價格的兩倍賣掉了。唐恩向法院上訴，1824年州最高法院對該法令的解讀是：規定查爾斯頓市只能徵收街道建設必要的土地。1817年的法令字眼的確有點模糊，但州議會似乎沒什麼異議就授意城市全權徵收殘餘地，這與1812年紐約法案的權力程度相仿。但因為最高法院認定徵收殘餘地不算是合法行使強制徵收權的範疇，為了避免宣布這條法令違憲，就給了它一個有點牽強的解釋。[44]

1868年，賓州州議會授權費城費爾芒特公園委員會（Fairmount Park Commission）徵收和轉賣殘餘地。[45]唯一一個行使此權力的例子發生在多年前，一塊位於三十三街和里奇大道（Ridge Avenue）之間約莫三英畝大的三角形土地被徵收，費城後來把這塊適合作建地的地塊換成在羅伯特谷地（Roberts Hollow）上七十五英畝的土地來蓋公園。[46]

目前關於超額徵收殘餘地最受矚目、最重要的法案出現在麻州。1903年，前面提到麻州議會的特別委員會針對超額徵收提出詳盡的報告，[47]該委員會的建議部分體現在擬議徵收和重劃殘餘地的法規草案中。這個擬議的法案有五點值得注意：第一點，它

給予市政府權力徵收無用的殘餘地;第二點,它授權市政府根據一套詳盡的估價系統議定的價格,將殘餘地賣出、併入鄰近所有權人的土地;第三,假如鄰近所有權人不想買下殘餘地,市政府得徵收毗鄰所有權人的全數或部分土地;第四,所有依此法取得之殘餘地應該公開拍賣;第五點,殘餘地持有人之土地面積不足一千平方英尺者,得要求城市購買之。[48] 這樣的法律允許市政當局除了徵收殘餘地之外還可以取得更多其他土地,再將這類殘餘地重劃成為適合的建地。然而,州議會不願意做到這個地步,1904年條例通過,僅容許市政府徵收公共建設造成的殘餘地。[49] 這套法令非常詳盡,以三十節鉅細靡遺地闡明每個階段徵收與處理殘餘地的確實程序。該法令最重要的部分是第二節的這段敘述:

　　本州或本州範圍之所有城市,此後得依本法施行強制徵收權,若任何不動產必須全數或部分用於重劃、變更或公共建設,若徵收後其周邊之殘餘地面積或形狀有不適宜作為建地,或者為了公益性與必要性,得徵收之。

　　必須注意的是,這條法律並沒有針對徵收殘餘地授予城市或州無限上綱的裁量權,土地徵收面積超過實際需要只會發生在殘餘地不適用於其他發展的情況。換句話說,不管土地有多少是要作公共使用或面積多小,似乎並沒有一個更大的權力允許徵收所有的土地。都市建設聯合委員會(Joint Board on Metropolitan Improvements)在1911年提交給麻州議會的報告顯示了這個法案所賦予的權力其實很有限。該委員會的其中一項提議是在波士頓兩個主要的鐵路樞紐車站之間,打造一條商業要道。[50] 為了打造

這條大道，必須徵收周邊一百五十八塊地產的全數或部分，純粹用來開闢街道。假如市政府運用 1904 年條例授予的權力，由於只能額外徵收那些確定無法作為建築使用的殘餘地，因此在原本所徵收的街道土地之外，只能額外再徵收五十二塊地塊，48,274 平方英尺。這是《殘餘地法》（Remnants Acts）被認為能允許市政府透過強制徵收合理取得土地的最大值。倘若城市可以任意取得所有它需要的地——也就是說，如果它全部徵收前面提到的一百五十八塊地產——就等於拿走了那條街道周遭 193,474 平方英尺的土地。從另一方面來說，假如城市能夠實踐由委員會 1903 年提出來的法案所賦予的權力，不只徵收建設造成的殘餘地，也徵收可能讓整個地區都能夠適當重劃、發展的周邊地產，就會取得另外一百二十一個持份，它們完全不是街道開發所必需，面積達到 223,664 平方英尺。在這個第三方案裡，大道之外的所有徵收土地面積會是 417,138 平方英尺。[51]

由此可見，知名的 1904 年殘餘地條例並沒有賦予麻州的城市處理殘餘地最廣泛的權力。

然而，上述三種打造波士頓商業大道的方案最後都沒有實現。事實上，波士頓似乎還沒有充分利用徵收殘餘地的權力。1904 年條例的實際效力發揮在春田市，因為幾個街道拓寬或重整而徵收了殘餘地。

最受矚目且可能是「殘餘地法」最具體實踐的建設事業，應該就屬福爾頓街（Fulton Street）的拓寬計畫了。該計畫始於 1914 年，現在接近完工。

這項建設主要是要把福爾頓街從三十三英尺拓寬到七十英尺，大約有五個街口或五百碼那麼長。這個區域並不怎麼吸引人，

街道的一端幾乎蓋滿中型建築，另一端則是鐵路調度場和倉庫。用於拓寬的土地全數取自蓋滿獨棟建築那端，要把街道界線調整回到三十七英尺之外的毗鄰土地上，就得直接穿過這些建築物，如此一來，有三十幾棟房子必須被拆除或遷移。多數情況下，這種被切割過的土地所留下的殘餘地面積都很小，所有權人寧願城市把整塊地收走，而不要把殘餘地留給他們。城市認為這是明智之舉，和所有權人私下協議轉移大量地塊，不過卻有六塊土地沒辦法和所有權人達成協議，公共工程委員會（Board of Public Works）依然認為公共政策上仍然需要這些土地，城市因此根據1904年條例所賦予之權力來徵收這些土地。[52]對市政府來說，取得這些殘餘地比只取開闢街道用的土地來得明智且經濟多了。不過，要公正評斷超額徵收的財務效果還太早了。市政府依然持有這些殘餘地，並且想辦法把最大塊的地讓給街道使用。到目前為止，重劃都還沒有發生，實際上街道拓寬還有許多工作待做，該公共建設對於周邊土地價值的具體影響還未可精確估量。從表格中一、兩個案可以看得出來，市政府對於1904年法案所賦予的官方權力，採用了較寬鬆的解釋，明確點出該法令的徵收對象為不利於建築使用且符合公益性與必要性之殘餘地，不足二十五英尺深的土地不適合作為建築用地。臨街立面寬達一〇六英尺、深度達六十英尺、面積達六三三四平方英尺的地塊似乎就是另一個等級了。若以1904年條例所稱之殘餘地，如何區分哪些是該被徵收的過小地塊、哪些地塊又太大，是個傷腦筋的問題。以這個案例來說，所有權人不覺得大面積的殘餘地能夠符合他的使用需求，也不反對自己的地被徵收。假如所有權人對徵收有意見，似乎就不太可能贊成讓城市徵收這麼一大塊殘餘地。如果他強烈反彈，

城市很可能就不會進展到備受爭議的這一步。[53]

　　關於美國和其他國家以超額徵收來處理殘餘地的法律條文，以上算是很詳細的分析。這些條款在實務運用情況的說明總是相當簡略，不夠詳盡。以為它們可以徹底解決淵源已久又複雜棘手的殘餘地問題，免不了受到嚴厲的批評，不過即使如此，它們各自都還是別具意義，只是目前應用的經驗還不足，無法保證哪個法條能夠完美無缺地達成目標。以下論點不敢保證絕對正確，但有三點是所有法條能夠有效為殘餘地亡羊補牢的關鍵。

　　第一點，城市應該被賦予權力徵收殘餘地以達成兩種目的：一，幫城市省錢；二，確保公共建設周邊土地的適當建築規模，第一種情況中，當徵收整塊土地的支出，比僅徵收部分土地、又要賠償殘餘地的損失所花費的金額低時，徵收殘餘地就是可允許的。換句話說，如果徵收殘餘地是為了讓城市能夠以最優的價格來取得城市所需要的公共建設的土地，那麼徵收殘餘地就合情合理。不過，倘若城市只是因為轉賣土地可以獲利而沒有其他適當的徵收理由，那麼徵收殘餘地就不合法。在這個節骨眼，並不是要從增值利益（recoupment）的觀點來判斷執行超額徵收的優缺點，但也有人疾呼因為前述這樣的目的而只徵收殘餘地，會導致實務上嚴重的困難，對市民也極其不正義。為了省錢而徵收殘餘地是合法正當的，但如果純粹只是為了賺錢徵收土地那就不合法正當了。除了經濟動機，徵收殘餘地只能發生在必須確保公共建設周邊土地的適當建築規模。麻州法案的條文有提到這種情況，明確指出在什麼情況下可以徵收全部土地的一部分：「因為公共建設的徵收之後，其周邊殘餘地面積或形狀不適宜作為建築使用，而且該公共建設是符合公益性與必要性。」若僅是因為部分

土地被切出去作街道用途，就徵收整塊大面積的土地，只因為周圍比較小的地塊沒那麼礙事，就放著它們不動，這樣的作法忽略了殘餘地帶來的惡果，對這兩種地的所有權人也不公平。如果城市想要徵收周邊的大塊土地來確保適當開發或進行使用管制，應該是要確保超額徵收有足夠權限，施行時能有一致的標準，不該以與解決殘餘地問題沒關係的理由來徵收殘餘地。

第二個讓法律成功控管殘餘地的基本重點，就是市政府有權以最有利方式處置無法作為公共使用的土地。市政府不應該只是為了賺錢而徵收殘餘地。然而，如果徵收該殘餘地有正當合法理由的前提，那麼市政府有權獲得以最有利價格轉賣殘餘地所得的利益或補償。若強迫市政府以買土地的價格將之賣出，就像是把完全由市政府的資金和事業所創造的價值都拱手送給買家。

第三個妥貼處理殘餘地的法律要點，是容許市政府在必要時對這些零碎地和周邊土地進行重劃。當市政府徵收一塊因為面積或形狀派不上用場的土地，這塊地就必須與相鄰的地塊整併，才符合公共利益。假設無法透過私人交易來推動整併，也應該有個辦法。如果這塊殘餘地周圍的所有權人拒絕以合理價格買下土地，市政府就應當被授權徵收足以達成適當區域重劃的周邊土地，因此能確保鄰近公共建設的土地能用作適當的建設，不至於落入這般窘境：徵收無用的殘餘地，把它留在手上或賣掉卻沒讓它變得更有用。倘若城市有權要求周邊的所有權人買下殘餘地，或者把他的土地用合理的價格賣出，有九成的場合所有權人會選擇買殘餘地，這樣城市不必費大勁也能夠促成理想的調整。剩下一成的場合市政府仍可保有自身利益，而且可避免無用零碎地所帶來的惡果。要是沒有這個權力，市政府就很難保證能夠妥善地

重新規劃殘餘地。

　　處理殘餘地的有效政策應該包含這三件事：當市政府能夠因此節流，或者殘餘地不適合移作他用時，市政府應有徵收殘餘地的權力；以對城市最有利的方式處置這些殘餘地的權力；約束周邊所有權人買賣土地、保障殘餘地能被適當重劃的權力。市政府若握有這些權力，就這個課題而言就掌握了自己的命運，不需受制於某個碰巧有塊沒什麼價值的畸零地的固執人物。這麼做是為了保障社會大眾還有附近的所有權人不被殘餘地搞得市容醜惡又貶值，而且通常還能夠可觀地降低建設的支出。

　　前面說的是市政府對個人自由和財產權干預程度最小的作法。一併檢視城市處理殘餘地的其他辦法，都顯示要找到一種適宜且有效的解決方法根本是不可能的，因為市政府並沒有直接自主行動的權力。每個案例中，只要某個所有權人一直不願意或無法配合促成重劃，市政府的目標都有受阻的風險，社群的最大利益就可能偏頗。所有情況都指出需要一個較廣泛的公共控制手段，來確保社群利益能被適度保障。人們普遍認為徵收和重劃殘餘地已經做得夠多了，但還不算太超過。這種作法賦予市政府足夠的權限來處理這個棘手的課題，但並沒有給它浮濫的權力。

　　其他處理殘餘地的方法，其價值也不容輕忽，甚至不需要放棄這些作法，只要不把它們當作排他政策。所有權人沒理由不配合重劃自己的土地，他們越配合越好；市政府沒理由不傾盡全力協助促成合作。假如所有權人有意願出售殘餘地，市政府應買下因為建設導致殘缺無用的整塊土地，看起來似乎很公平。這條規定應該要加到每個處理殘餘地問題的法條裡。只要市政府有辦法把這些殘餘地妥善重劃，徵收的必要性就不再是不合理的負擔。

所有權人透過賣出殘餘地來保全自己的利益，市政府則是藉由重劃這些土地來自保。著名的《阿迪克斯法》中有哪些元素符合美國的情境，或許也可以適度移植使用之。其他的作法在本質上與超額徵收並非互相對立，但凡是任何一個不那麼強硬的政策被保留，或者假如它們被全數留下，市政府還是應該被賦予強制徵收殘餘地，以及有足量周邊土地以進行整併的權力。即使或許不需要經常用到這項權力，但在必要時還是要能夠發揮功用。

　　前一個章節曾提到超額區段徵收作為殘餘地問題的解決方法基本上十分合理，除非還有其他沒那麼激進的手段能夠發揮同等的效果。[54]現在或可先大膽提出結論：超額徵收不僅提供了殘餘地問題的最佳解答，也是唯一能夠適切與有效滿足公眾利益的政策，在社會控制和保障個人權益之間能達成最巧妙與公正的平衡。

註釋

1　見上文，p.7。

2　引述自 Herbert S. Swan 的《超額徵收——紐約市的稅務委員會報告》（ *Excess Condemnation— A Report of the Committee on Taxation of the City of New York* ）與其他數個類似的有趣案例，彙編自紐約市稅務局記錄，頁13-14。
關於這類殘餘地的一個驚人案例發生在某個靠太平洋的城市，因為進行街道拓寬取直工程，導致一個新街區和舊街區被隔開變成平行，中間的殘餘地寬度只容得下一棟142英尺長、兩層樓高建築的磚牆，那堵牆很快就被用作廣告布告欄。不用懷疑，城市的終極目標就是要消滅掉老街區，但同時這些礙眼的殘餘地還是不會消失。本案例引自 Charles K. Mohler 的一篇有趣文章〈超額徵收與都市規劃〉（Excess Condemnation and City Planning），取自《工程新聞》（ *Engineering News* ）（1916），第76卷，頁20-22。

3 Kissan，《德國城鎮規劃法規報告》（*Report on Town Planning Enactments in Germany*），第7段。

4 費城的班傑明·富蘭克林公園大道（Fairmount Parkway）在開闢部分路段的時候，刻意在直線的大道上規劃幾個明顯的突塊區，納入一些小三角形的地塊，假如放著不管，它們就會成為不雅觀的殘餘地。這些原先的零星殘餘地變成公園大道的一部分，被用作停車空間，而沒有任其成為殘餘地。富蘭克林公園大道的規劃可參考1912年《第24屆費城城市公園聯盟年報》（*24th Annual Report of the City Parks Association of Philadelphia*）。不過，雖然這種處理殘餘地的手段用在闢建公園或大街時有些效果，卻無法在某些棘手的情況下發揮效用，如在稠密區域開闢或拓寬街道。

5 紐約市稅務委員會主席Lawson Purdy表示，這種情況在紐約市的徵收案例很常見。

6 Nichols，《強制徵收的力量》（*The Power of Eminent Domain*），頁269、276。

7 紐約市稅務委員會主席Lawson Purdy曾提供一個驚人的實例：1897年，布魯克林大橋附近的拉法葉街（Lafayette Street）拓寬了20英尺，留下運河街（Canal Street）和拉法葉街的轉角往北一塊剩餘土地，長91英尺7英寸、寬1英尺5英寸、深13英尺8英寸，旁邊一塊面向運河街的土地有97英尺23英寸，卻無法接壤新的大道。直到1911年，剩餘土地才被所有權人賣掉併入這塊土地。運河街的所有權人得繳2,626.72美金的特別受益稅，但過去14年來他卻沒得到任何好處。

8 Kissan，《德國城鎮規劃法規報告》，第7段 (i)，頁85、93、107、112.。

9 在這裡不需要詳述某人無法讓渡土地的種種原因，他可能只有終身產權（life estate），或土地被設定信託，或受限於某個待履行的遺贈，規定除非特定意外事件否則不得讓渡。

10 1909年，《城鄉規劃法》，第56節2號（a）。

11 Nettleford，《城鎮規劃實務》，頁47-53。

12 Gesetz, betreffend die Umlegung von Grundstiicken in Frankfurt a. M. July 28, 1902; Gesetz-Sammlungfiir die KoniglichenPreussischenStaaten, 1902, Nos. 10386-10387. 另一個與《阿迪克斯法》很類似但主要適用於農業區的零碎地重劃的法案，早在1872年就通過。依據此法案，負責管理農業事務的普魯士中央委員會（General Commissions of Prussia）得經地區半數所有權人的同意，重劃散碎的土地。直到1895年，普魯士五分之三的土地都是這樣處理的。但除非所有權人全數通過，

否則此法案不適用於已開墾或建設用地，使得該法案無法用來處理都市土地重劃。即使中央委員會偶爾會承諾要重劃都市土地，其是否有法定權力這麼做卻時常受到質疑。見前引用 Kissan, B. W. 著作，第 17、19、31、33 段。

13 巴登法（Law of Baden），1896 年 7 月 6 日；薩克森法（Law of Saxony），1900 年 7 月 1 日。相關討論參見 Kissan 著作，65-108 段，附錄 E、I；倫敦交通部交易所報告（Report of the London Traffic Branch of the Board of Trade），《下議院會議文件》（House of Commons Sessional Papers），1908 年，第 93 卷，頁 165 後數頁，見道森（W. H. Dawson）的討論。

14 Kissan 著作，第 34 段。巴登和薩克森法與阿迪克斯法在本質上有這樣的差異：匯集的區域（pooled area）應根據其價值而非地段進行重劃。但這些條款從來不曾付諸實現，因為其公平性和可行性受到諸多質疑。見 Kissan 著作，第 72、77、84、85 段。

15 見前引用 Kissan 著作，第 39-52 段。

16 的確，《阿迪克斯法》規定，凡有地上物或已作花園等使用者得免於重劃。

17 根據法規，市政府必須得到明確的授權才得執行轉讓行為，但立法機構何以能夠賦予城市此等地自主權力，似乎並未受到質疑。

18 紐約州法律，1833 年，第 319 章。

19 有可能是條文中的「得」（may）在法庭上被解釋為「須」（must），迫使城市面對所有權人希望處理掉殘餘地的情況時，必須將該地買下來。此法案似乎沒有引發任何訴訟，城市自願購地的聲明也敘於法條中。

20 1866 年法案，第 174 章。此法案之相關陳述在第八節，「凡持有的土地鄰近任何必須重劃、拓寬、截斷、改善及變更之街道，而且依本法應進行估價，所有人得依本法第二節的規定，在評估損失前，函發書面通知予市政委員會，反對該項課稅，並選擇將前述土地讓渡予波士頓市。若市政委員會裁定因公共建設運營必須取得該地或進行建設，市政委員會有權取得異議者所持有之毗鄰土地，按建設情況估量其價值，排除因重劃、拓寬等產生之利益，土地持有人得向其城市如此要求，該城市因此需支付估價予該土地所有人。城市得全數出售建地與建物，以及其餘未用於拓寬、改善及公共建設之土地，將其淨收入用於支付前述之估價。」

21 馬里蘭法案（Acts of Maryland），1904 年，第 87 章。

22 a. 本資訊來自於 Joseph W. Shirley，巴爾的摩市地形測繪委員會總工程師。
　 b. 英國有類似的規劃是由 J. S. Nettleford 提出的，他提議：「為了調整這類地產

或土地的邊界，地方政府得根據1909年法案的規定自行購買任何土地，而且得依其認定適合時機，依其指定價格與條件，出售或租賃全部或部分土地。」《城鎮規劃實務》，頁325-326。

23 見上文，頁29及後頁。

24 參見「唐恩控告查爾斯頓市議會案」（Dunn vs. City Council of Charleston），《哈波法律報告》（*Harper's Law Report*）（最高法院）189（1824）。

25 1832年法案，參見 Pierre Boulat vs. Municipality Number One, 5 La. Ann., 363 (1850)。

26 1838年法案，第226章。見「巴爾的摩法案」（Mayor and Common Council of Baltimore vs. Clunet, Merryman, et at., 23 Md., 449, 1865）。

27 1865年法案，第159章第10節。「此法案授權波士頓市牛奶街（Milk Street）得重劃拓寬至寬街（Broad Street）」。

28 1904年法案，第443章，見前引用頁65，麻州春田市條款施行情況。

29 維多利亞時代8至9年，第18章第92節，1845年5月4日。

30 《蒙特婁憲章》（*Charter of City of Montreal*），1899年，1913年修訂，第427章。

31 51頁提到的1845年《土地條款整合法》事實上造成社會大眾沉重的負擔，英國近期數個公共建設法案的條文免除了公權力購買建物周圍殘餘地的規定，除非政府判定其為必要。倫敦郡議會（電車事業）法案（1901），愛德華七世元年，第271章第46節。

32 1852年3月26日命令；Duvergier編，《法律匯》（*Collection Complete des Lois*），第77冊頁282。

33 《麻州國會檔案補充報告》（*Supplemental Report, Massachusetts House Document*）1096（1904），頁3-10。

34 1912年另一個法案通過，針對1852年的命令細節做了一些修正。後來的法案規定，凡是因面積或形狀不適合興建具衛生設施之建物（sanitary buildings），或無法符合街區地位及美感之殘餘地，巴黎市政府得徵收之。
伴隨上述規定的是一個條文，殘餘地面積若少於整個地塊的一半且不超過150平方公尺，城市需應所有權人要求徵收該殘餘地。1912年4月10日法案，見《法律匯》（*Collection Complete des Lois*）等（新版），第12冊。

35 見前引用Kissan著作，第101段。

36 安大略省修正條文第192章第322節。

37 多倫多法律顧問William Johnston聲明，1916年5月2日致函安大略省渥太華市

保育委員 Thomas Adams。

38 哈利法克斯城市憲章，1914年，第683、698節

39 H. W. Johnston，致作者函。1916年6月5日。

40 1812年法案，第174章第3節。

41 早先幾個街區計畫的簡要資訊見 H. S. Swan 的專著，同前引用，頁54。

42 奧本尼街（Albany Street）事件，11 Wend. 149，參見頁285及其後頁。

43 關於「唐恩控告查爾斯頓市議會」全案的討論，參見頁281及其後頁。

44 《哈波法律報告》（最高法院）189（1824）。

45 1868年法案，1020號。

46 消息來源為費城藝術陪審團秘書 Andrew Wright Crawford。

47 見上文，頁54。

48 麻州國會檔案（Massachusetts House Document）288號（1904），頁15-20。

49 1904年法案，第443章。

50 《都市建設委員會成果報告》（1911）110-113頁提及「波士頓北街擴建計畫，闢建新交通動線與南北站間廊道」，由 Leslie C. Wead 修正評估，1910年11月。

51 該委員會的報告提到這三種方案幾個有趣的財政估算。假設城市能以合理價格出清殘餘地，在一百五十八塊地產都徵收的情況下，轉售土地的淨收益會比只徵收無用的殘餘地多出290,280元；假如周邊一百二十一塊土地也被徵收，整個建設的淨成本會比採取第二種方案少1,570,075元。不過委員會覺得這兩種較激進的政策伴隨而來的風險實在太多，比較保險的作法還是採取1904年法案裡頭保守一點的解釋。.

52 下表為被徵收的殘餘地的面積和價值：

姓名	土地面積（平方英尺）	土地損害金額	建物損害金額	總額
Joseph Menard 44.13 立面寬度 21. 1 深度	1,062	3,919	800	4,719
Conn. Rw. R. R. Co. 41.33'立面寬度 27.1深度	1,112	3,985	700	4,685

Mary A. Barrett 41.16'立面寬度 27.6 深度	1,134	3,806	600	4,406
Thom. E. King 38.7'立面寬度 22.96深度	875	3,153	800	3,953
Michael J. Dam 106.55'立面寬度 59.5深度	6,334	20,876	5,892	26,768
Benj. S. Albert 80.'立面寬度 25.5深度	1,852	6,219	2,000	8,219

53 本計畫的所有資訊來自春田市助理市政規劃師暨公共工程委員會書記Charles H. Slocum。

54 第一章頁13。

第三章
以超額徵收保護公共建設

　　實施超額徵收其中一個主要目的是要保護公共建設，避免周邊土地的使用方式直接或間接損害這些設施，也避免這些設施被使用到極致。[1]

　　這些作法多半都是美學上的保護，超額徵收有時會被形容成宣傳「美麗城市」的一種手段。不過，把超額徵收看作只是為了推動城市美學可就錯了。就像都市規劃不只有藝術家和建築師參與其中的運作；一座美麗的公園也會與公共衛生和休閒脫不了關係，是故超額徵收提供的保障不僅限於公共建設的外觀，還與它的運作狀況、採光、空氣品質、便利性和一般實用性有關。本章就是要討論超額徵收如何作為一個保護公共建設的手段。

　　有些人把超額徵收當作一種維護當代城市美感和舒適的手段，因此極力主張用這個方法來取得、保留適當的公共建築用地。這個問題有一些獨特有趣的面向，值得在進入比較整體性的討論之前先處理這個問題。

　　公共建築用地的問題在美國城市已經是舊聞了，而且變得越來越嚴重。這個問題的起因，是由於城市一直用非商業式不切實

際的方法來取得公共建築所需要的土地。

　　針對現行取得土地的政策有三點批評。其實它也算不上什麼
政策，只不過是一連串意外的巧合──城市似乎永遠預測不了伴
隨發展而來的危機，也無法從之前的危機學到教訓。第一個對於
當前的土地取得手段的譴責是，我們的城市從不事先規劃要在哪
裡蓋公共建築，或者事先透過法律規範保障適合的用地，總是秉
持著「船到橋頭自然直」的原則。例如以為城市發展到需要新的
校舍，自然就會有足夠的時間找到適合的用地。如果採用這麼短
視近利的作法，城市付出的代價不只是錢，還有不便民又不恰當
的公共建設。新的公共建築需求往往是與城市某各地區的成長和
發展有關，該成長和發展會使附近的地價飆升。考慮便利性的話，
若某個地點適合蓋郵局，但那個地點也可能適合作為商業區──
而且十之八九都會先作商業區使用。通常在市政府認同某個公共
建築的必要性的時候，該起造那棟建築的地方早已經蓋滿其他房
子，地價貴到難以徵收，連那些位置較差、待價而沽的地點，價
格也幾乎叫人望之卻步。

　　美國許多城市時常面臨這個尷尬的處境。紐約市中心的地價
可能比美國任何其他城市來得高，市政府因此必須付上好幾百萬
的代價，而這筆錢有可能是透過城市另一個有遠見的公共規劃節
省下來的。過去二十年興建了一些小公園，這些小型開放空間往
往被摩天大樓或大型公寓包圍，它們花費了紐約市比中央公園附
近整塊大片土地還要高額的錢。在某些案例裡，這類廣場和公共
空間付出的代價是每英畝五百萬美元，同時間，若能夠在附近的
市鎮事先規劃，則可以用每英畝五千美元取得公園用地。[2]市政
府在曼哈頓的人口密集區付了每平方英尺20美金的高價來取得學

校用地，但在布魯克林和布朗克斯要取得學校用地的平均價格，在過去幾年大概是每平方英尺1.5美金，在皇后區則是每平方英尺少於0.75美金。[3]一再複製這種常見的問題案例根本無濟於事。就因為缺乏前瞻的眼光，我們的城市一直得不到應該用來蓋公共建築的土地，而且還得付出過份高額的金錢去爭取剩下那些不怎麼樣的地點。

另一個現行取得公共建設用地的政策弱點，則是沒能認知到一些公共建築最後會需要集中起來才會便民，因而也沒能取得能夠讓這些建築群聚所需的用地。這並不是說每個城市都需要像克里夫蘭或芝加哥那樣蓋一整個氣派的市政中心，讓所有的公共建築都光鮮亮麗、對稱地座落在一起；也不是要在廣場上打造一個尺度放大的市政廳——實用而不華麗的雄偉建築，四周有地方官員的辦公室、公共禮堂、法院、消防隊和監獄。並非所有公共建築都需要被放在一起，而且當一個城鎮成長到點與點之間不能靠步行到達的時候，很容易就知道哪些建築需要聚集在一起、哪些建築周邊該留多一點開放空間。城市擴張得越多，這些考量就越加重要。現在大家普遍認為市政廳、法院和監獄應該距離近一些；圖書館和學校可以設在附近；許多公共機構需要的理想環境，只要選擇靠近公園的地點就可以解決。希望在城市面臨擴張，市政府尋覓這類公共建設的地點時，能把以上需求放在心上，而且取足以讓設施集中的土地，這樣的期許似乎並不過分——當然價格必須合理。不過幾乎每個案例都顯示，城市只在意眼前所需，也就是一棟建築物面積的土地。[4]

因行政怠惰未能把公共建築集中的影響可以在下述例子中看得很清楚：最近紐約郡要取得一塊地來作為新的法院，雖然郡政

府和市政府大樓被集中在同一區，但整合這些建築造成的延誤卻花了郡政府一大筆原本可以省下來的錢，倘若這些重要地段能在一開始就知道要作為公共用途而取得的話就不用花這麼多冤枉錢。法院用地就在市政廳公園、市政大樓和檔案廳的旁邊。最近呈交給「都市計畫估價與分配委員會」（City Plan of the Board of Estimate and Apportionment）的備忘錄這麼說：

選擇這塊建地，不只是因為其緊鄰市政廳公園及現有的市政建設群，還因該地段的土地價格較低，而且有機會開發為新市政中心，最後將為城市帶來可觀的資產增值，而且提升周邊私有土地的稅收價值。[5]

雖然徵收土地的估定地價較低，紐約郡還是為這4.2英畝付出了6,243,668美元。[6]這個價錢無疑比蓋市政大樓之前的地價還來得高許多。假如法院的規劃可以早一點出來，就能夠先確認整體的用地。但從另一方面來說，報告裡面清楚指出城市現在就買下所需要的土地，便可以省下鉅額金錢，而非等到土地漲價。顯然城市要是太斤斤計較公共建築的土地，只會導致虛假的節省。假如城市購地時拒絕著眼於未來的目標，就可能付出天價來取得集中建築所需的土地。

第三個我們城市常在布局公共建設和地點時所犯的錯誤，與前一點很類似，就是無法取得足夠的土地來應付因城市成長而必然的擴建。譬如，校舍、圖書館和遊戲場在今天還夠大，但十年後就太小了，而最有效率滿足需求的方法或許就是擴增現在的設施。再說一次，缺乏遠見經常讓市政府忽略明日的需求會比今日

更多。一般來說，建築基地通常只取得當前所需的土地大小，並假設如果有需要擴增，應該會有足夠的時間評估還需要額外多少土地。或許這種錯誤比較容易在規模大、成長快的城市發生，但一旦發生就會對城市造成沉重的負擔。「紐約市人口擁擠委員會」（New York City Commission on Congestion of Population）的報告提到紐約市取得校舍用地的經驗，「紐約市取得土地的歷史顯示，很不幸地，零零星星購地的策略完全不符合社群成長所需要的土地比例。在紐約市513個學校用地裡，有229個——也就是將近一半—— 沒有一次買好全部的土地，有17個是分別購買了五次才買齊所有用地，時間長達好幾年。」[7]

在這些案例中，城市為它的短視自食苦果，必須跟著不斷上漲的價格來購買它所需要的地。[0]

不令人意外地，我們的城市過去經常犯剛才所描述的錯誤，這種代價很高昂。抱怨南北戰爭前的那幾代人沒有事先預測到今日城市的需求，其實是無濟於事的，後見之明往往比先見之明容易得多，我們曾祖父輩再怎麼有想像力，也很難精準地預見當今二十世紀城市的樣貌。具有開創精神的先驅在一個新的國家實現了文明，他們建立的城市要是缺乏現代都市規劃專家的精準和美感，還算可以原諒。

普通人的短視還算可以原諒，畢竟這些人是因為缺乏模式和經驗才犯了無知的錯誤，但發生在現代市政府身上可不行，他們一方面花了昂貴的代價來改正前人的錯誤，另一方面又複製同樣的錯誤來荼毒下一代。不用期待一般美國城市對其所需的土地可以未雨綢繆。要求心繫柴米油鹽的市民能夠大聲宣告哪個未開發的郊區的某個校舍應該從現在起能夠屹立八十年，這不是都市規

劃，而是占卜。不過，城市的很多需求其實可以事先預知，而且這顯然只不過是最普通的良好商業政策，讓城市儘早明確地針對需要布局。一個人手上拿個工程藍圖，站在城市邊緣的農場中央，宣布圖書館或消防局應該在未來某個時候具體設在哪裡，感覺似乎有點愚蠢。不過，由市政府來認可社區不能夠沒有消防局和學校，以及在擘劃郊區土地時，事先以低價取得足夠的土地來預作準備，就不奇怪了。由市政府來斷定最終是否需要增建公共建設也十分合理，為了達到這個目的，必須以便宜的價格取得足夠的建築基地。簡言之，為了提供公共建築或場所，提前做出明確的規劃，這對任何城市來說都是安全又明智的政策，可以合理推測這樣的作法會崛起。

很多人覺得如果市政府要透過超額來徵收取得適合的土地作為公共建築與空間，就得要採取有遠見、商業化的策略。市政府要推估當前和未來的需要，並獲取足夠的土地，極度低估土地需求是不嚴謹的作法。某些時候公眾會需要特定區域的土地，如此徵收一整塊地便很合理，即使徵收面積超過城市本身預計使用的範圍。城市先會留著這些土地，直到周邊開發使得這塊地必須派上用場，像是蓋公共建築或作為開放空間預定地。在適當的條件下，應該要有足夠的空間把建築物集中，若有必要擴增建物，也能有空間進行擴建。當市政府的需要皆滿足了，沒有用於公共目的的土地就可以出售或出租，通常可以賣個好價錢，而且必須是有條件地賣，這樁交易必須能保護公共建設或空間，不讓它們受到破壞或損傷。有些人主張這才是超額徵收解決公共建築用地的方式。道理非常簡單，不過就是買超過你務必需要的，來確保你擁有足夠的量。市政府知道需要使用某個地區五英畝的土地，但

它比較有把握可能會用到六或七英畝，最後它買了十英畝，因為市政府知道土地不是一種會腐壞的耗損性商品，而是通常可以再賣掉的資產，只要它想，還可以賣得比當初買的價錢高。

但問題立刻來了，這種保障公共建設基地的手段，真的符合超額徵收一詞普遍的定義嗎？

無庸置疑，這套方法是強制徵收政策的擴張版。市政府取得多於當下所需的土地，有些甚至永遠用不到，只因為市政府想要保險一點，確保需求無虞。更何況，也不確定如果最後市政府決定不用這塊土地，它還可以作何用途。說到為了公共目的取得私有地，我們會假設該土地是基於城市有明確且急迫的使用需求而被徵收，但現在這個使用需求既不明確也不急迫，甚至非常不確定此需求是否會持續下去。像是美國某些市政府被允許徵收一塊特定土地「作為建設、公園或其他公共用途之用」[9]，但一般而言，美國並沒有賦予市政當局這類的法律授權。另個案例：英國社會改革家奈特福德（Nettleford）引用愛德華三世時代的古老英國法令，除非能夠清楚敘明目的與用途，否則英國的公部門不得購買及持有土地。[10]無論就法律或理論，凡是如前述目的籠統不明的徵收，都偏離了一般的強制徵收權。

另一方面，這個政策也有別於前面定義的超額徵收，因為它並沒有清楚分辨，這些額外取得的土地是為了未來興辦公用事業，或是未來終將要將其處置。[11]市政府取得多於實際需要的土地，這或許是可以被容忍的，但它究竟為什麼需要這些土地，卻仍然是很模糊。那一條市政府會使用或不會使用土地之間的界線，很難清楚劃分。那些最後可能被市政府轉售的土地並非是以轉售名目而被徵收，而是因為城市要確保足夠的建設用地。當城

市以籠統的公共名目徵收土地，無論最後哪塊地被轉售，與實際運用的地之間的關係，就與一套衣服從一匹布上剪下來後剩下的部分，對照實際派上用場的部分，兩者情境是類似的。市政府知道它取得比實際需求更多的土地，但多出多少、還有哪些部分會被剩下，市政府卻解釋不來。對比之下，實施超額徵收時，城市知道自己用不了這麼多地，也知道之後要處理這些多餘土地。兩者的差別主要在意圖，但彼此的差異卻足以區分這兩種政策的不同。若是為了取得適當公共建設用地的需要，並不會啟動真正的超額徵收。

不必要花太多篇幅討論基於不明確的公共目的而來徵收土地的政策優劣，市政府一定會想辦法克服種種困難，以確保能夠取得公共建築和空間的適當基地。市政府應該針對未來的需要做更審慎的規劃，以更合理的價格獲得適當的基地，無論留下哪塊地來轉售，都希望能創造一些利潤。

假如市政府不急著立刻進行建設，或許可考慮先將土地用作公園或遊戲場。倘若市政府因為缺乏資金挹注，沒辦法長時間持有土地，或許可以設計一些短期出租方案，帶進固定收入之餘，等市政府需要用地時再把土地拿回來。如此一來，市政府或許就有辦法暫時不考慮未來需要，先取得上面有建物的土地，讓現有的使用者繼續待在原地一段時間。獲得的房租可以用來支付購地的利息，補償市政府損失的土地稅收。

當然，這個方案還有很多實務上的困難。對許多市民來說，賦予城市權力任意徵收私有財產還不必當下解釋清楚，這是極不明智的作法。這種權力需要被審慎檢視，避免因無效率或徇私而被濫用。大部分的反對主要是擔心行政弊端，而非抨擊系統本身。

總的來說，善用這套機制，對美國城市的城市規劃和經濟都有好處。

　　現在來討論運用超額徵收保障公共建設的問題。為了達到這個目標，市政府徵收比設施所需更多的土地，然後將多出來的地轉售或出租，並限制它未來的使用方式必須不影響該設施的用途與外觀。這當然不必是唯一運用超額徵收的動機。基於重劃剩餘土地、轉售剩餘土地、為設施提供適當保障等多重目標，市政府徵收超額的土地也無不可。不過在本章節，會著重在此政策作為保護措施來進行討論。

　　或許美國沒有哪個城市能倖免，總有公共建設因周圍地產被不當使用或破壞而受到影響。市政府遲早得找到管控的方法。公園或街道很有可能因為隔壁所有權人用地的方式而近乎毀掉。假如紐約市政府沒有介入讓河濱道（Reiverside Drive）與哈德遜河之間的土地變成公園，那麼如今優美的兩側河濱道肯定會林立整排公寓大樓，路人看的就不會是河上風光與帕利塞德峭壁（Palisade），而是被一排排十層樓的建築立面形成的陰鬱峽谷包夾。藉著打造河濱公園，紐約市才得以保留下河濱道一側的光照、空氣品質和景觀。不過，也有些擋不了的問題：紐約市無法阻止另一側河濱道不時出現布告欄或其他有礙觀瞻的東西，因而對公園景觀造成很大的影響。無須贅言也知道，個人的利益和城市的尊嚴，並不足以保護公共建設的美觀和功效免於因周邊土地的不當使用，而受到嚴重侵害。

　　因此，若不對周圍土地做適當控管，市政府就無法確保有效實踐該公共建設的目的。市政府可能希望打造一條商業幹道，來滿足成長中的城市需求，卻沒辦法禁止沿線蓋住宅或廉價建物；

可能想為工業區的工人開闢一條住宅街，卻無力阻止商業和工業利益步步進逼。市政府基本上無能為力，就算對未來的發展充滿想法和遠見，還是得袖手旁觀，眼看計畫因為私人利益夭折或延宕，卻插不了手。

隨著這類令人遺憾的情事增加，前面提到的那些情況已經受到越來越多市民的關注和批評，他們都希望且協作一個規劃良好又美觀的城市。認為市政府不該僅僅是保護街道或公園邊界免受侵害，而要能一併處理部分周邊私有地的聲浪逐漸升高，然而卻沒有實質協議規定市政府該如何行使這種控制權。因此，主張超額徵收是唯一解方的人必須面對至少兩種競爭的主張。

首先，某方面來說也是最容易管控設施周邊土地的方法就是實施警察權（police power），這是國家或城市普遍用來保障市民健康、安全和便利而廣泛運用的權力。警察權是根據公共需求而行使的法律——公眾優先於個人；它也是一種彈性的權力——範圍可以擴大、強度可以增強，或許今天看起來不太符合公共需要的控制，但明天可能變成是當務之急，就像當今市政府對個人權利施加許多種控制也沒人抗議，但若是在前一兩個世代，應該會蒙上暴政侵害的惡名。因此，要記得美國城市也許從未耗盡警察權可用的資源，那些資源反而有可能隨著時間而穩定增加。[12]福隆德教授（Professor Freund），一部警察權鉅著的作者，曾在全國城市規劃論壇（National City Planning Conference）表示他相信「警察權就算現在不適當，遲早也會因為要避免公共建設被破壞而變成適當。」[13]

一個城市的警察權有三種方式來保護公共建設免於遭到破壞或濫用。首先是建築物限高。假設美國城市比照歐陸城市通過一

條法律或條例，禁止新建物超過某個高度，要是建物的高度沒有超過街寬，就必然會有充足的空氣和光線，街道也比較美觀。其次，假設城市禁止建物距離公園或街道的邊界少於30或40英尺，幾乎就自動排除了所有的商店，也避免了建物或店家密集的問題，如此可以確保公共建設所在的環境條件。第三種方式是城市被劃為不同分區（zones）或地域（districts），以免過度偏重商業、工業、或純住宅。如此一來，住宅區就能避免醜陋或不適合的建物入侵。公園與大道不會充滿招牌與商業大樓，也保護商業區不會混入底層階級住宅（low-class dwelling house）。藉由這三種控制手段，現代城市能夠充分保護其公共建設免於傷害及破壞。

首要反對上述行使警察權的意見是，雖試圖以此方案保護城市的美觀，卻屬違憲。在美國各州，法律明文規定即使外觀醜惡，也不得以妨礙之名排除。用福隆德教授的話來說，「警察權對付的各種不同形式的侵犯尚不包括難看的景物。」[14]法院對這一點的態度，充分展現在伊利諾州最高法院（Supreme Court of Illinois）的鏗鏘言詞裡：

市民應能自由決定家屋的形式、油漆的顏色、要種幾棵什麼品種的樹、他和家人要穿什麼風格質料的服裝，難以想像立法機構竟侵犯個人權利到必須規定這些林林總總該如何進行的地步。雖然每個城鎮的每條街道在文人雅士眼中有許多值得詬病之處，在美學上也讓人錯愕，然而本國法院一致同意警察權不該為美學目的妨礙個人權利。[15]

先不細究憲法問題，主張警察權介入屬違憲的立場可能會因

為三點而鬆動：第一點就是上述三種用警察權來保護公共建設的方式並非只針對保護美觀，美觀甚至不是主要目的；第二點，法院對於透過警察權來管控醜惡市容的態度有可能會漸漸放寬；[16]第三，違憲並非永遠無法突破的屏障，因為修憲總是可以突破這種障礙。

另一個更強烈反對以警察權保護公共建設的理由，是因為這麼做不見得適合所有的情況。雖不是要貶損這種作法的效果和價值，但到目前為止，這麼做的結果可以說是弊多於利。即使可能避免產生醜陋的建築，卻無法發揮任何直接積極的力量促使公共建設周邊的土地進行妥善的利用。大部分的情況下，透過警察權所施展的消極力量或許能夠滿足城市的需要，不過也有很多案例顯示這種消極作為無法提供適度的保障。

市政府從來不曾為行使警察權干預個人權利所造成的損害付出代價。公園或景觀道路附近的所有權人經常被規定樓層高度或臨街界線，卻沒有因為自己的土地使用受限而獲得補償。這一點引起許多反彈，批評任何放寬警察權作為城市規劃工具的作法。有鑑於此，另一個目標相同但對私人產權沒那麼有侵略性的作法出現了，也就是透過強制徵收（eminent domain），取得公共建設周邊土地的地役權（easements）。換句話說，城市會徵用所有權人的權利並且為加諸之限制付出金錢，相較之下，另一個作法是讓所有權人受到警察權相同的管控卻沒得到補償，甚至還被管得更嚴。地役權是影響特定某塊土地使用的權利，可能是將使用權讓渡給另一方，也可能是部分限制持有者的使用權。比方說波士頓市就運用強制徵收限制科普利廣場（Copley Square）上的建築物高度不得超過九十英尺。所有權人會獲得一筆錢，但得放棄

在自己土地上蓋大樓的權利。[17]印第安那州近期的一條法令授予該州幾個大城市的公園委員會徵收地役權的權力，其為一種稍微不同的地役權，這條法律規定要打造「一條確立距離的邊界，所有建物均須建於面向公園、風景幹道或大道的建築地基上」，而且容許城市「行使徵收權以避免產生或需要移除該邊界之外的所有建物」[18]。還有另外一、兩個州通過這類法律。城市很可能徵收某項公共建設附近土地的地役權，並規定只能作住宅或商業使用。不過事實上，用這種方法管控私有土地的案例很少，範圍也很有限，因此就算城市希望動用此法來保護公共建設，也很難決定該政策到底可以推進到什麼地步。可以說這套作業程序還有很多未被發掘的可能性。許多人主張徵收地役權就可以達到等同超額徵收保障公共建設的外觀和效益的效果，而且更便宜、更簡單。

這套方法號稱優點眾多而且頗有說服力。首先，它涉及的法律複雜度比超額徵收低很多，只要城市審慎點，不以強制徵收取得任何非明確合乎公共目標的土地。雖然憲法賦予城市徵收地役權的權利經常受到質疑，但若是這個方法行不通的話，那麼像超額徵收這種更激進的手段就更不可能存在了。

第二個徵收地役權的優點是，這種作法對個人權利的干預會比超額徵收少很多。它不會把某人的土地全數奪走，只會限制使用土地的程度。所有權人仍然持有土地，而且會因他配合讓出不限制使用目標的特權而獲得金錢補償。但超額徵收則無法保證所有權人能夠保有土地，即使他很願意配合城市加諸土地的使用限制。土地也許會被強制徵收，然後賣給別人，有可能成為所有權人的競爭對手，其影響可不容小覷。倘若徵收地役權和超額徵收能夠同樣有效地達到目的，單取地役權對於私人財產權的侵犯相

對較少，是比較好的作法。

　　第三，人們普遍認為徵收地役權比超額徵收有更明確的財務優勢。這裡先不細究超額徵收的財務面向，因為後面的章節會再談到。[19]不過，有些人主張對城市而言，取得地役權比取得財產權來得更省錢，這在事業初期支出會造成巨大的差距。很多公共建設因為取得土地的成本降低而有機會興辦，要是城市必須徵收超過實際需求的大片土地，就根本連想都不用想了。而且徵收地役權對城市而言不會造成財務風險，城市並非在投資地產，不需以更高的價格賣出土地來避免損失；它只取必須的，並為之付出代價，不留任何待處理的土地。它所興辦的建設或許所費不貲，但所有的支出都能事先精算，整個事業計畫完全得以免於投機風險。最後一點，城市徵收地役權時不會取得任何之後用來買賣營利的東西，但也不完全排除城市採取任何一種有效措施來彌補建設的支出，特別受益費或增值稅在這套運作體系裡應該也行得通。如此一來，城市就能夠透過某種方法來保護公共建設，用另一種方法來平衡部分支出。這些論點很有說服力，支持徵收地役權的人也強力推薦此一簡單、安全又經濟的策略。

　　對徵收地役權的主要批評，在於不認可這個作法能夠有效發揮預期的功能。它的確簡單、安全又經濟，卻也非盡善盡美。它無法妥適又有效率地保護公共建設的美觀和功效。

　　第一，這種作法並不適用於保護城市建成區域的公共建設。徵收郊區未開發土地的地役權以避免新建物過高或太接近街道是一回事；要改變現存建物的性質和位置，為市中心公共建設創造適合的周邊環境又是另一回事。徵收一排住宅或商店街的地役權可能會導致建築物受到損害，即使符合規定，卻大大貶損了街道

的外觀。然而，市中心的公共建設往往是最需要被妥善保護的。徵收地役權或許可以讓設施附近的土地不致被濫用，卻對公共建設外觀和效用已遭原土地利用方式破壞的情況卻幾乎束手無策。

這點出了第二個徵用地役權的限制：它的效果是消極而非積極的。市政府或許可以透過這個方法來避免周邊土地的不合宜使用，卻沒辦法藉此來逼迫所有權人提出積極使用土地的計畫。它可能告訴所有權人哪些事情不該做，卻沒能告訴他必須做什麼。打個比方，倘若城市已經開闢了一條商店街，就幾乎不可能徵收附近土地的地役權，迫使那些所有權人把他們現有的房子改建成商圈。假如動機是希望發揮公共建設的功能，市政府或許可以指定不該蓋哪些建築物，卻不能要求所有權人配合蓋城市所需要的特定建築。不過為了城市的發展，及落實明智與完整的計畫，有時就是必須施行某些控制。徵收地役權是預防而非建設性的手段。

就算市政府透過徵收地役權，能要求所有權人採取激烈手段改變原有建物或商圈的性質，但這麼做也會非常花錢。城市得為地役權付出近乎或甚至超過徵收土地本身所需的金錢，這沉重的負擔必須由市政府買單，卻很難看出在這種情境下，徵收地役權比超額徵收土地有多少財務上的優勢。

整體而言，施行警察權和徵收地役權，是否能在各種情境下均確保公共建設周圍土地有被適當利用，這仍有待商榷。這兩種手段應該也被納入都市規劃政策裡，被有效合宜地利用。不過，有充分理由顯示城市遲早會需要用上超額徵收所賦予的更多的控制力量。

以超額徵收來保護公共建設的美觀和效用的特色，已在前面

闡釋過了。除了街道或公園必須用上的土地，市政府儘可能徵收需要控管的土地，為設施提供保護——可以是緊鄰設施的一排建築基地，也可以是深度達兩百至三百英尺的土地。市政府是以擁有土地所有權（fee simple）的名義來取得緊鄰的土地，取得土地的原因是希望之後可以賣掉它，想要賣掉它則是因為這麼做可以在買賣時附加規定未來的使用限制，如此也能確保公園或道路周圍有適當的環境。市政府持有土地的方式，與個別市民持有土地的方式是一樣的，一個市民轉移土地給另一人的契約，應該也能適用於市政府與買地對象之間的契約。該契約可能會規定鄰近公園或街道的土地只能用於某價格區間內的住宅；住宅與道路之間、建物與建物間也必須有一定距離，須為磚造或石造，而且高度不得超過前方街寬的三分之二或四分之三；也可以規定面向新闢道路的空地作商業用途時，其上的建物必得符合特定品質、規模與高度。市政府並非一然要賣掉這些空地，若需賣地則可依市政府開立之條件出售。如此不管公共建設周圍環境之前有多麼惡劣，市政府也許均得以直接、適當地保護它。

美國最早試圖賦予城市超額徵收的權力，以此來保護公共建設，要追溯到1902年知名的俄亥俄州自治法（Municipal Code of 1902），該法規賦予市政當局得享有特殊權力來「佔有」（appropriate）及持有該市範圍內的不動產」，其中一個目的是：

> 為了建造廣場、林蔭大道、景觀道路、公園及公共建築，及為了轉售那些土地，但是在轉售契約中規範該土地的未來使用，以保障公共建築及其環境，及保存前述公共建築、廣場、景觀道路的外觀、採光、空氣品質和效用。[20]

從那時起，大約有十二、或十五條憲法修正案，或實質上具有相同效力的法條在各州制定或提出，[21] 雖然它們都遵循相似的方針，卻沒有哪兩個是完全相同的，比方說該權力之施行與所關乎的公共建設類型是有差別的，有些州將之運用於市政府可能興辦的任何公共建設。賓州法（Pennsylvania law）則限制此法用於建造或改善「公園、景觀道路和遊戲場」，而馬里蘭州法（Maryland statute）則明文規定為「廣場、林蔭大道、景觀道路、遊戲場、公共建築物周邊的公共保留區」。1911年的特別法令規定，將超額徵收實施於改善紐約市的水岸設施以及興建「碼頭、道路或車站」。這些法規的施行大都針對某些特定的設施，但近期則越來越少限制市政府藉由超額徵收要保護的公共建設的類型。

　　在少數案例中，市政府所徵收超過實際需求的土地數量也受到限制。賓州法和奧勒岡州法指名公共建設邊界線兩百英尺以內的接鄰私有地得由城市徵收。1915年在紐約州修憲會議中所提出的憲法修正案，規定「超額土地數量，不應多到足夠形成毗連於公園、街道、公路或公共空間之合宜大小的建築基地」[22]。不過有些城市並沒有受到這類規範，因此得以自行判斷要超收多少土地，以適度保護其公共建設。

　　對市政府轉賣之土地所施加的未來使用限制，當然會隨著設施本身的屬性和它的建造目的而改變。將超額徵收運用於任何公共建設時，法律通常會規定這些限制是為了保護且改進該設施，因此針對市政府的決定權並無任何限制。另一方面，若超額徵收用於保護特定設施，像是公園、景觀道路或林蔭大道時，有人曾經嘗試羅列剩餘土地的使用限制至少應該具有哪些特點。舉例來

說，賓州法規定市政府得以「轉售這類接連地，在轉讓契約中敘明使用限制，以充分保障公園、景觀道路、遊戲場及其周邊環境，以及保存其中的風景、外觀、採光、空氣品質、健康與效用」。

1906年的維吉尼亞法案（Virginia act）准許市政府轉售剩餘土地，「限制其用途以保護這類公園、空地或土地的美觀、實用性、效率與便利」，而紐約法（New York statute）則企圖保護水岸和碼頭，規定用不到的土地在轉賣時必須符合限制條件，以便人們接近或使用該設施。

值得注意的是，這些案例裡，沒有一個城市被規定不得對剩餘土地施加任何未來使用的限制，尤其這些限制又有助於達成政策目標的話。不過，以超額徵收來保護公共建設的法令很可能會發展得越來越寬鬆、普遍，至少在可能使用超額徵收的事業計畫標準或者其加諸的各種保護性限制是如此。[23] 較新的超額徵收規定可以參考1915年通過的賓州修憲案，它是關於超額徵收最新也最寬鬆的法令，充分證明了其正當性：

> 本州各市因公共用途，取得或佔有土地及其相關之權利時，得為落實徵收計畫，以及促進土地或權利之公共使用，受立法機構不時之拘束，佔有超過實際用於公共需要之土地，其後得出售或租賃該多餘土地，並限制其用途以保護、增進該筆土地之公益性。[24]

雖然這條修正案的標準極為寬鬆，值得注意的是它明確地授權法定的限制。

所有目前談及的法令和憲法修正案，起草的唯一目的似乎就

是為了讓城市可以限制那些因為超額徵收而來的土地的未來用途。

　　有些林林總總核准超額徵收的法令並沒有規定城市轉賣土地時必須對其加諸限制，但絕對容許市政府自行決定賣地時是否附帶限制。這些規定將超額徵收視為重劃剩餘土地的手段，以償還公共建設的支出並保護該設施，萬一無法有效達成這些目的，城市也能選擇要採取怎樣的下一步。假如對轉售的土地實施使用限制，反而造成該地售價下跌，城市便不需要加諸此限制。市政府有權決定是否附帶限制、或需要附加何種限制。

　　英國也遭逢類似情況。英國城市針對特殊案例運用超額徵收來償還支出已經行之有年，但其顯然沒有考慮到以此增進任何社會或美學的目標。近期的國會法令允許城市徵收多餘的土地，雖然沒有強制要求對剩餘土地的未來用途實施限制，卻經常遇上必須或傾向核准這些限制的狀況。[25]

　　超額徵收的憲法修正案往往是為了讓立法機關能夠通過相關的法令。紐約州的憲法規定未曾提及剩餘土地的保護性限制，但特別法的立法機構卻賦予紐約市權力，在估價與分配委員會（Board of Estimate and Apportionment）認可的情況下，得於轉售之剩餘土地的契約載明相關限制。[26]

　　不過，除非憲法批准，否則議會通常不會授予市政府權力來實施限制。[27]事實上，麻州州議會不只一次駁回市政府欲加諸土地的限制，即使法律的上位憲法有敘明得實施限制。[28]至於市政府在缺乏立法機構或憲法明確授權的情況下，可否實施這些限制，就值得探討了。很可能在一般對自治權限的嚴格解釋裡，市政府不會擁有這樣的權力，即使法庭目前不曾針對這個問題做過

討論。現在不需要再進一步深入細究超額徵收措施要不要對剩餘土地的未來用途實施保護性限制。它們比較適合歸類為是為了收取增值，而不是為了保護公共建設而定的法令，後面的章節會再談到相關內容。[29]

雖然有許多授權運用超額徵收來保護公共建設的法規，但是實際用上的案例卻是非常的少，其他國家與美國皆然。歐陸城市的公共建設大都受到妥善保護，但都不是使用超額徵收。

英國城市應該不曾發生主要是為了保護公共建設而來限制鄰地使用，因而啟動超額徵收的例子。超額徵收的目的是為了牟利，多年來超額徵收之於英國城市的效果，就如同特別受益費之於美國城市的效果差不多。[30]不過也因此產生一種感覺，為了蓋一個花錢的設施，徵收附近的土地後又不要它們，而且不針對後續使用實施限制，這種政策暨短視又浪費。1903年倫敦交通皇家調查委員會（Royal Commission on London Traffic）提出證據顯示倫敦市有一些公共建設已經近乎毀壞，原因就是當局缺乏對周邊土地的控管，其他設施則僅因幸運才免於相同的命運。[31]1899年，國會通過法令批准建造知名的霍爾本到河岸街的地鐵線（Holborn-to-the-Strand）。後面的章節會對這個案例做更詳細的梳理，但可以發現類似的對比：只要郡議會（county council）認可，也規範未來用途的限制，便有權租賃或出售公共建設的剩餘土地。郡議會擁有極為寬鬆的權力可以決定是否要施加限制，超額徵收土地的承租人或買家得根據該限制興建「郡議會認為適宜的特定規模或等級的建築物，具特定平面與立面、特定的高度和樓層數」[32]。郡議會接著利用這個權力，控制那些面向新闢大街的建物。知名建築師根據規格要求交出設計圖，郡議會就把接連地出租或賣給

願意按這種設計規格蓋建物的人。事實上，這些限制對潛在買家與承租人來說非常僵化，因此郡議會在處理地產的時候遭遇到許多困難，於是便調整限制的內容，讓規定不是那麼嚴格，後來處置剩餘土地就變得容易多了。[33]自從1899年通過前述法令之後，此權力便不時便授予郡議會，讓他們對剩餘土地的未來使用施加鉅細靡遺的限制。國會最近制定的法令核可在倫敦蓋一座通往廣場（the Mall）的引道，要價五百萬美元，也在周邊土地出租或買賣時加諸類似的限制。[34]英國政府似乎越來越體會到超額徵收這方法的優點，不僅用來保護公共建設的美觀和效用，還能補貼設施的建造支出。

美國城市運用超額徵收來保護公共建設的經驗極少，雖然曾制定法規或修憲批准該政策，卻鮮少充分使用這些權力。美國目前還沒有任何城市成功運作這套制度在任何事業上。

前面有提到1909年和1910年有不少反對在波士頓市南北車站之間興建大型商業幹道的抗議聲浪。[35]1909年，由麻州州議會指派的都市建設委員會（Commission on Metropolitan Improvements）針對此主題提出初步報告，說服州議會興辦該設施的必要性。委員會在報告中指出，1904年《殘餘地法》[36]對保護該設施確實有些幫助，此法並未授權超額徵收所有為了保障此商業設施開發所需的所有其他的土地。面對許多質疑法律准許額外大規模徵地是否合憲的問題，委員會敦促最高法院對這點表示意見，「此公路是否應興建可能取決於其意見。」[37]

州議會因此請求最高法院事先評估寬鬆運用超額徵收權的合憲性，其請求的用字顯現了該興辦事業的特殊性：先闡明這條幹道為必需的，城市的產業及商業利益會因為缺少此設施而受損，

而這條商業幹道不能憑著現有法令的權力來開闢一條新街，州議會繼續探問：

如果立法機關認為僅能以消滅該幹道沿線之全數或部分的個體所有權來保護前述設施，運用強制徵收權將這些適當大小和形狀的毗鄰地塊集中，按照政府當局所規範的限制，將串聯街道的配置、地塊的發展用途導向倉庫、商業建設和其他符合商業貿易需要的建築，如世界上他處所為……立法機關是否受憲法授權批准波士頓市……規劃這條幹道與串聯街道，而且非僅徵收必要街道之土地或地役權，而一併徵收該幹道兩側、或幹道與串聯街道之間的土地，為符合上文闡述目的之必要性，個人後續使用幹道兩側的土地時，需受轉讓、租賃或協議之適當條文規範，在土地上興建符合前文闡述的物件與目的之建設，上開土地與建物的使用、管理與控制，此是否確保且最佳促進公共利益？ [38]

麻州最高法院回應這樣的法令並不合憲，[39]原因就不在此列舉。因此，州議會提出修憲案，要求允許州議會授權行政機關徵收多餘的土地：

因被授權徵收的土地及財產已載明於法令中，而且無法在公路或街道兩側形成適當建地。在大片土地和財產因公路或街道需求而被徵收後，州議會得准許賣出附加或不附加限制的剩餘土地。[40]

此修正案在1912年投票通過，自此之後有數條法案通過，准

許麻州各城市行使超額徵收權，[41]但都不曾在波士頓市派上用場。前述商業幹道的風波雖然催生了修憲案，但並沒有因為該修正案所賦予的任何權力而有所進展。麻州修憲案用在保護公共建設能發揮什麼影響仍只能憑空揣度。

另一個案例則大力鼓吹運用超額徵收控管公共建設周邊土地，催促紐約市政府用此權力來開發濱水區的碼頭船塢，方便利用這些設施。[42]1911年有一條法律通過，授予估價與分配委員會（the Board of Estimate and Apportionment）權力依此目的運用超額徵收。相關的法令內容如下：

據此法令被徵收的土地得包含設施用地與周邊土地，以興辦碼頭設施、道路或站點，按估價與分配委員會之授權認定進行重劃、重新分級或調整，以利進出或使用這些相關水岸道路、站點或設施；不需為前述目的所用卻已取得之土地，得由市政府處理之，依據委員會判定所規範之限制，以便利通行或促進設施使用。

但這個法令所賦予的權力從來沒有被使用過。[43]不過，有一個美國城市用超額徵收來保護公共建設卻沒有被書寫於紙上，就是1907年在興建費城知名的費爾芒特公園大道（Fairmount Parkway）時，當時美國尚未出現為了保護公共建設或其他目的而施行大範圍的超額徵收，接下來會細談一下這個開發案的歷史。

提議與主導興辦此建設的主要是費城藝術聯合會（Art Federation of Philadelphia）和費爾芒特公園藝術協會（Fairmount Park Art Association），這兩個組織是全然的民間單位，致力於城市的藝術發展，尤其重視打造宜人的景觀道路和大道路網。他們

的構想慢慢凝聚成具體計畫，打算蓋一條從費爾芒特公園延伸到市政府的公園大道，長約兩公里。經過多次討論，1903年市議會把費爾芒特公園大道納入都市規劃。接下來幾年推動這個建設的努力幾經波折，同時也要應付很多關於道路路線的問題，與那些土地將被徵收的所有權人也談不攏；市長和眾人對道路陪審團（road jury system）判定被徵收的土地需獲得損害賠償深表不滿；越來越多人認為這個建設得靠法律授予新的權力才能妥善落實。1907年道路動工，同年立法機構通過法令，賦予賓州施行超額徵收保護公共建設的權力。根據此法，該權力容許「已被徵收、使用和佔用作為公園、景觀道路和遊戲場的土地，邊界兩百英尺內的接鄰私有地得被購買、取得、進入、徵收、使用和挪用，轉售時需附帶限制條件，以保障該設施」[44]。這塊剩餘土地之後可能會被城市轉售，「並且在轉讓契約中敘明使用限制，以充分保障公園、景觀道路、遊戲場及其周邊環境，以及保存其中的風景、外觀、採光、空氣品質、健康與效用。」

值得注意的是這個法規授權市政府透過購買或徵收，來取得超過實際需求的土地。費城市政府繼續透過私契約大量取得預定設施周圍的私人土地，沒有訴諸較激烈的強制徵收手段。景觀道路的建設情況比以前更有效率，城市也買下不少想要控管的周邊土地。1909年，市議會成立一個都市規劃永久委員會（Permanent Committee on Comprehensive Plans），1912年這個委員會指定了一個子委員會「以高標準來處理景觀道路後續的規劃、維護、發展，適當立法來規範該設施的高度、性質和類型，以及景觀道路沿線建築的目的和用途。」[45]同年，景觀道路旁邊一塊大面積的土地被徵收，便是根據條例的授權，市政府依此權力取得受核可的多

餘土地。[46]

　　不過，這個積極的作為卻很快就中止了。1913年，市議會通過法條，授權市長和貝爾電話公司（Bell Telephone Company）簽訂合約，將城市取得的大片剩餘土地在附帶某些建築限制的條件下賣給該公司。[47]貝爾電話公司要支付徵收土地所需的90％的費用。該公司計畫蓋一座美輪美奐的辦公大樓，簽約的目的就是為了讓這棟新建築符合要求，避免土地使用造成景觀破壞或不利後果。市政府準備脫手的這塊土地，有兩個地塊是賓州人壽保險公司（Pennsylvania Mutual Life Insurance Company）持有，上有三層磚造建物。該公司宣告已準備好依據任何市政府制定的限制來改善自身的地產，而且不讓市政府徵收有爭議的土地。它指控城市取其地產是為了將地產再轉售給貝爾電話公司，如此施行強制徵收違反了賓州憲法和美國憲法。1907年法令、1912年7月3日與1913年1月16日的條例，三者的效力在法庭上並陳後，地方法院雖決議支持，[48]但是賓州最高法院宣布超額徵收法規違憲且無效。[49]

　　這個判決不准城市超額徵收土地，但不妨礙市政府可以購買多餘土地。城市一直維持著這樣的權力，直到最近，一千個地塊中，有160塊城市本來想拿下的地已經被別人捷足先登。因此還是有人認為城市若無法恰當管控景觀道路旁的地產發展，將對建設有不利影響。因此出現了臨時措施，1915年通過了一條法令授權第一級城市規範建物的地點、規模和用途，並賦權費爾芒特公園委員會決定怎樣的建築物可以或不可以蓋在由委員會維護掌管的公園、景觀道路或其他公共空間鄰近的兩百英尺之內，委員會也負責監督建物的建築細節。[50]同時，市政府拒絕接受最高法院

裁決永遠不得施行超額徵收的決定，上面提到的修憲案在該屆議會就通過。[51]倘若在下一屆議會也通過，就會被提交給人民複決是否接受修憲案。

這些以超額徵收保護公共建設的努力看似失敗，無法作為成功的先例，但並不表示這麼做就行不通或有害。這類實驗很難定論制度的好壞，形成的評價通常都是根據其績效而演繹出來的。

以超額徵收來保護公共建設有兩點容易受到批評。第一個是嚴重的財務風險，事業計畫很可能所費不貲，還帶點風險投機性質。市政府必須為其徵收的土地付錢，它想轉賣或租賃實際上用不到的土地，其實不是要減輕興建設施的初期成本，而是因為要收回徵收剩餘土地所付出的金錢，市政府必須賣掉那塊地來獲利，而且不只要賣掉獲利，還得設定限制以確保能好好保護設施。後面會談到這些限制在某些情況中侷限了土地買賣的機會，導致市政府很難爭取到有利的賣地價格。把這個風險再加上另一個風險，也就是每個人買地時都希望能夠再賣個好價錢，可以說以超額徵收來保護公共建設讓市政府涉入一樁規模可觀的投機生意。反對這個政策的人主張，財務風險應該驅策城市尋找更安全、經濟的方法來管控公共建設周圍的土地。

第二個反對超額徵收殘餘地的原因前面已經提過，就是對私有地所有權人權利的過分干預。有些人認為這個手段創造的結果並不能為其背書。神聖的財產權不得輕率待之，某人合法使用的財產在一群政府官員的想像中竟然會破壞旁邊的公園或道路的景觀與用途，這絕不能證成為徵收土地又賣地的理由。

支持以超額徵收來保障公共建設的人也不甘示弱地回應。他們主張為了保護公共建設免於破壞或毀損，必要的話也可以侵犯

私人產權。為保護公共建設而徵收土地，與徵收土地來蓋公共建設是同樣正當的。要適度保護公園或公路，沒有比徵收毗鄰地然後再附加限制賣掉更有效的方法。換句話說，在他們看來超額徵收是唯一能有效達成公共目的辦法。因此他們不只合理化對私人產權的干預，也為所有能讓此政策順利推行的一切金錢分配辯護。為必要的市政建設支出開方便之門，重點不在付出去多少錢，而在城市投入的成本有沒有回收。假如城市只能靠超額徵收來避免重要的設施被耗損或破壞，就不該對要花高價買保障又有財務風險發牢騷；所有權人也不該抱怨，因為他們有義務為了公眾利益（common interest）而放棄寶貴的個人權利。既然此事關乎社區整體的福祉，市政府就不該吝惜金錢或不敢犧牲個人特權或豁免權來成就城市的公共利益（common advantage）。

其實沒有比群體利益至上更適合用來合理化侵略私人權利的說法了。惡意或輕率地超過這個界限是無可辯解的錯誤。因此美國大部分訴諸超額徵收權來保護公共建設的法令很容易招致非議。這些法令規定超過市政府實際需求的土地得被徵收，適當限制其未來用途後得轉售之。市政府不必非得把地賣給某個特定人士或以特定價格賣出。在上面談到的費城案例中，市政府在尚未取得產權時就決定將一塊剩餘地產賣給一家公司，即使原所有權人表達願意遵守市政府開給對手同樣的條件，但希望保有土地。[52]一般人應該會覺得這麼做很不公平，因而也影響了賓州最高法院的態度，認為超額徵收容許市政府奪走個人的資產又轉移給其他人是種輕率的制度。我們不得而知市政府將公共建設旁的土地易手，究竟賺了多少。市政府只想著對土地施予必要的控制以保護公共建設免於破壞或毀損，控制的程度不會因為土地是史密斯的

還是瓊斯的而比較放鬆，賦予設施的保護也不會因為受限制的地產的持有人與設施開發前的所有權人是同一人而比較少。因此，設施周邊的所有權人希望能保有原本的土地或再取得產權，似乎沒什麼理由不讓城市准許個人在符合後續使用限制的情況下買回原土地。這類所有權人必須付錢買回自己之前合法擁有的土地，價格是市政府賣地時投標的最高價。市政府用這個方法來留住設施創造的增值、確保設施需要的保護，當所有權人已準備好也願意為保留自己的土地付出金錢，市政府也能免除把人從自己土地上趕走的罪惡感。雖然這個政策不會降低市政府獲取利益的效率，卻可以吸引每個所有權人的公平參與。這個法規目前從未在美國付諸實行，但羅德島州在1916年11月選舉時由人民通過的憲法修正案就包含這一規定。在敘明轉售或租賃非實際需要的土地的一般規定後，條款內容接著提到「這類轉售或租賃，該剩餘土地的原持有人應擁有依據其所在州或城鎮同意出售或租賃之條件，有優先承購或租賃該地的權利」[53]。

幾乎無庸置疑，若能審慎保障私人權益，在如此限制條件下施行超額徵收，所招致的批評就會少很多，也會召喚熱情的合作與支持。如果有這樣的附帶法規，超額徵收在多數情況中都可以是最公平、最有效、最經濟的手段，藉由控管周邊土地的發展來保護公共建設。

註釋

1　這個說法當然也包含運用超額徵收來處理殘餘地。雖然徵收與重劃殘餘地是一種保障公共建設的方法，這個待解的難題其實是源於特定的原因和需求，因此產生了特殊的對應之道，必須視為單一問題獨立處理。

2　《紐約市人口過剩委員會報告》（*Report of New York City Commission on the Congestion of Population*），1911，頁13。

3　同前，頁12。

4　處理這個問題需要更多先見之明，已是普遍的共識，而且許多管道提供了建議的作法。參見《紐約市改善委員會報告》（*Report of Improvement Commission of New York City*），1907，頁28-29；《公共建築集合》（*Grouping of Public Buildings*）二號布告欄，市政藝術協會（Municipal Art Society）·康乃狄克州哈特福郡，1904，頁23；《芝加哥規劃》（*Plan of Chicago*），芝加哥商會（Chicago Commercial Club），1909，頁123、135；《西雅圖規劃》（*Plan of Seattle*），1911，頁34。

5　《都市計畫估價與分配委員會備忘錄，關於紐約郡法院及周邊街區與公園道路修正計畫》（*Memorandum submitted to the Committee on City Plan of the Board of Estimate, with Relation to Proposed Modifications in the Site of the New York County Court House and the Layout of Surrounding Streets and Parkways*），頁1-2。

6　同前，頁5。

7　《紐約市人口擁擠委員會報告》（*Report of New York City Commission on the Congestion of Population*），1911，頁49。

8　城市究竟因為無法預見未來的需要或不願滿足這些需求而產生了多少損失，都標註在下列兩個表格，表裡可見城市在不同時期購置兩間校舍的土地時，所取得的土地價格，，其中一處在曼哈頓，另一在布魯克林。

學校14、33，格林威治大街（曼哈頓）

1849：0.79元（每平方英尺）

1851：0.84元（每平方英尺）

1890：8.40元（每平方英尺）

1897：9.56元（每平方英尺）

1905：13.37元（每平方英尺）

學校34，摩門、埃克福德、奧克蘭街（布魯克林）

1867：0.23元（每平方英尺）

1904：3.16元（每平方英尺）

1906：7.16元（每平方英尺）

同前，頁56.

9　麻薩諸塞州法（Massachusetts Laws），1912，第475章；紐約法（New York Laws），1914，530章。

10　《城鎮規劃實務》（Practical Town Planning），頁164。

11　參見前文，頁3及其後頁。

12　Shurtleff，《實施城市規劃》（Carrying Out the City Plan），第5章，頁138。

13　《第三屆全國城市規劃論壇文集》（Proceedings of the Third National Conference on City Planning），1911，頁244。

14　《警察權》（Police Power），頁162。

15　見「哈勒招牌公司訴體育訓練中心訴訟案」（The Haller Sign Works vs. Physical Culture Training School, 249 111., 436, 1911）。

16　福隆德教授的聲明清楚地提到這點，「警察權的確能有效遏止討厭的噪音和氣味，同理可證，保護眼前景觀也不需要另立規矩，只要把現行原則再擴大應用。」見前引文，頁166。

17　此程序的合憲性在「總檢察長訴威廉斯案」（Attorney-General vs. Williams,174 Mass., 476 (1899)）受到支持。

18　1911年法令，第231章。

19　參見本書第4章和第5章。

20　1902年自治法，1904、1908修正，併入1910年俄亥俄州自治法，第一卷，頁787，第3677號，第12段。

21　1906年馬里蘭州法（Maryland Laws）397章；1908年法第166章；1915年全美城市聯盟示範章程（Model Charter of National Municipal League）；1911年紐約法第776章；1915年紐約法第593章；俄亥俄州憲法第18條；1913年奧勒岡法第269章；1907年賓州法第315號；1915年賓州憲法修正案第9號第16節，加州憲法修正案第11條第20節，1914、1915廢除；1906年維吉尼亞州法第194章；1909威斯康辛州法第162、165章，1911年第486章；1912年法案第11條。見前頁218及其後頁。

22　紐約制憲會議，《修憲案》第二卷，為512提案，1915年6月9日。提案未通過。

23　市政府必然會一直受到某些實務上的限制來規範剩餘土地的未來利用方式，因為市政府希望可以賣掉該殘餘地。後面會談到這些限制的性質直接影響土地的市場性。參看頁207及其後頁。

24 憲法修正案第9條第16節。於1915年修憲會議提出，須在下一次的會議通過後，才能公告周知。

25 1899年倫敦郡議會（建設）法案（維多利亞62-63年）第266章第33節；1901年倫敦郡議會（電車與建設）法案（愛德華七世1年）第271章第52節；1914年林蔭路（建設）法，《英國國會文件》第8卷259案。

26 紐約州憲法第一條第七節；紐約1915年法令第593章。

27 紐約1914年法令第300章。

28 1913年麻薩諸塞州法（Massachusetts Laws）第778章。見1912年法令第186章；1913年法令第201、326章（伍斯特市）；1913年法令（賽倫市），都有授權這類限制。

29 參見頁133頁及其後頁。

30 雖然改善稅始於英國，卻很早就棄而不用。Seligman，《租稅文集》（Essays in Taxation），頁434。

31 倫敦交通皇家調查委員會報告，1906年《英國國會文件》第43卷，提問23904，頁876。

32 1899年倫敦郡議會（建設）法案（維多利亞62-63年）第266章第33節。

33 《倫敦郡議會訴訟年度報告》（Annual Report of the Proceedings of the London County Council），1908年，頁164-165。

34 1914年廣場引道（建設）法案，同前文。

35 參上文，頁63及其後頁。

36 參上文，頁62及其後頁。1904年法案，第443章。

37 《都市建設委員會初步報告》（Preliminary Report of Commission on Metropolitan Improvements），1910年1月1日，（參議院文件27號），頁10。

38 司法意見書（Opinions of Justices），204 麻薩諸塞州，607（1910）。

39 同上註，頁615。

40 麻薩諸塞州憲法，第10條，第1篇。

41 參上文，頁232及其後頁。法規分析表。這些城市沒有一個曾經使用過超額徵收來保護公共建設。

42 碼頭和渡船委員報告，1910年「牙買加灣設施」，1911年「南布魯克林水岸規劃」。

43 1911年法律，第776章。

44 1907年法律，第315號。

45 《都市規劃永久委員會報告》，1912年，頁743。

46 1912年7月3號條例。

47 1913年1月16號條例。

48 「賓州人壽保險公司訴費城市訴訟案」（Pennsylvania Mutual Life Insurance Co. vs. City of Philadelphia, 22 Pa. Dist. Reports 195）。地方法院支持法令，但頒布禁令不准賣地，理由是條例並未按照1907年法律的規定敘明需加諸的限制。

49 「賓州人壽保險公司訴費城市訴訟案」（Pennsylvania Mutual Life Insurance Co. vs. City of Philadelphia, 242 Pa. St. 47 (1913)）。相關法律原則的討論參上文，頁30及其後頁。

50 1915年法律，175號。這些都要靠市政府施行警察權來達成。頁88及其後頁已指出，委員會似乎認定警察權如此寬鬆地延伸並不合法。

51 參上文，頁100。

52 參上文，頁111。

53 修正案第17條。

第四章
以超額徵收來獲得增值利益或賺錢

在前面的章節裡，超額徵收已被檢視評估一番，與其將其當作一種財務手段，不如說它也是一個解決特定都市規劃問題直接及有效的方法，以此來成就重要的社會及美學目標。控制殘餘地、公園或林蔭道周圍的地產有其重要性，事實上，若有必要，不管實施控制得花多少錢都必須得做。超額徵收常常是唯一能夠有效執行某些必要事務的手段。假如它確實比較花錢，就該冷靜地看待這筆支出。就像佘特萊夫（Flavel Shurtleff）的樂觀名言：「它就是手術的帳單，帳單數字的多寡並不影響手術的需要。」藉由審慎運用超額徵收權，市政府確實有能力為了保障公共建設的美觀和效能付出大筆金錢。

不過，這個政策的支持者經常提出一個與運用超額徵收的目的沒什麼關係的論點，也就是超額徵收是一個安全又有效支付公共建設費用的方法。

即使超額徵收被用來重劃殘餘地，或避免公園、公共建物或幹道的破壞或毀損，期望把剩餘土地賣個好價錢一直都是這個策略的附加誘因。有些人主張市政府採用這個策略具有雙重正當

性，既能達成有價值的成果，又能負擔本身的開支甚至創造可觀的盈餘。

倘若在前面討論過的超額徵收案例中，賺錢算是強烈的次要動機，那麼超額徵收在更多其他案例裡卻會是唯一的動機。憲法修正案、法條或命令等，它們之所以授權使用超額徵收僅是為了支付必要公共建設的費用，這比其他目的來得普遍。本章就是要研究超額徵收如何作為賺錢或存錢方法，概述法規如何針對這個目的授權，說明運用此政策的案例情況，並和其他同樣目標的制度做簡單的比較。

前面已經談過，要找一個有效且公平的方法來支付公共建設，超額徵收並不是唯一方案，其他方法也能確保城市留住公共建設所創造的部分或全部增值。理論派也指出超額徵收作為財務工具的兩個主要競爭對手：特別受益費和增值稅，這兩種方法對私人財產權的干預比超額徵收和緩很多。因此超額徵收的支持者就得提出更多證據，來證明此策略在實務上更有效、效果更卓著，來合理化其對於個人權利的額外侵犯。為了要總結這些不同財務手段的相對優點，不只要研究它們實際運作的方式，也要了解它們在理想狀況下的預期運作模式。

在進一步討論超額徵收作為賺錢方法之前，先簡單說明一下特別受益費和增值稅在有效應用時，會產出什麼樣的結果，以此互相比較。即使在此所提出的摘要很簡單，但仍會清楚指出這兩種方法在實務上的限制和優點。

在評估特別受益費最充分落實的財務成果時，也莫要忽視它的根本限制：長久施行此策略以來，侷限了這個政策的範疇。這點在前面已經提過，[1]特別受益費能回收總額的上限，也就是市

政府所興辦建設的支出。假如設施周邊土地所積累的可衡量利益不等同於設施支出的成本，市政府便無法依靠所有權人來支付全額成本，因為地產只能以實際獲利來估定其價值。[2] 但其獲利常常超過設施成本，因此地產得保留由城市資金所創造的增值，這增值本可以為城市帶來可觀的利益。市政當局的帳務若能平衡，及私人財產的獲益並不是由市政府所支付的費用來達成，那麼它也就不會覬覦於私人財產增值之獲益。

另一個時而加諸在特別受益費的進階限制，是將課徵受益費的範圍限定在實際處於公共建設周邊的地產。[3] 住在邊邊角角的人因某條街道開闢或改善而獲益的程度，可能與某個地產毗鄰街道邊緣的人一樣多，但根據各州的常見作法，他不需要負擔其中一部分的支出。他的土地距離設施較遠，不需要受估價。可能是因為在課徵特別受益費時，慣常的作法是按照所有權人持有的臨街面寬度來分配支出的比例。[4] 一旦企圖為不毗鄰於該設施的土地估價，這個簡便的指引就失效了，按理也應該要公平衡量並徵收這類非毗鄰地的獲利，但是這對地方政府一直都是個頭痛的問題。

既然非毗鄰地的所有權人多半也會受惠於設施開闢的好處，顯然迫使毗鄰地所有權人來負擔公共建設的全部費用並不公平。還有，任何團體因為新開街道或公園所獲得的利益，其實或多或少是由城市中每一個人分擔的，但卻很難一一精算。結果就是市政府常常拿出一部分的公帑來支付建設的經費，或許是55%，剩下的費用就向周邊所有權人徵收。許多案例顯示，市政府受到法律或憲法條款的明確規定，限制這種隨意的徵收比例。[5]

波士頓市有這類規定。1891 年波士頓市的特別受益費法規定

需回收公共建設的全數成本，後來修正為政府有義務支付設施一半的成本，[6]而且徵收特別受益費的範圍限於改進道路任一側125英尺內。波士頓街道規劃委員詹姆斯・加利文（James A. Gallivan）說：「將估價範圍限於半徑125英尺，代表估價數量只需達到總支出的50%，因為半徑範圍內公共建設產生的利益，很少（只發生在四十英尺處住宅區街道的入口）超過甚至等同這個比例。」[7]

當市政府透過特別受益費徵收的額度有時會受到限制，如紐約的法律就規定，因任何公共建設而課徵的受益費不得超過地產公允價值（fair value）的一半，土地的公允價值是它還未開發之前的估定價格，當土地還未開發，還不是所有權人合理期待之價格，其估定價值的一半應該會比這片地因為公共建設增值的獲益還來得低很多，市政府因此無法取得土地增值的大部分利益。若不是這條規定，花在建設的費用說不定可以回本。[8]

依前述，在實際估算所有權人的獲利時，通常也就會讓很多市政府應得的收入短收。美國的作法多半是事先評估預期獲利，在公共建設正在興建時，徵收受益費款，而且一定會發生在鄰地價格實際增值之前。大多數人認為這種方式估算的獲利在大部分的案例裡，都會遠比實際增值的獲利少很多，確實，多數所有權人的獲利都比公部門的花費成本還來得高許多。此外，該設施接鄰土地的估定價值也必須補償因為該設施所造成的損害。一頭熱要保護個別所有權人的結果，往往會把特別受益費的數字定得很低，另一方面，則是把損害賠償定得很高。其結果就是鄰地所有權人很少付出市政府原本要從他的土地徵收的全額、甚至部分獲利。

因此，有些人認為特別受益費這種作法，在美國各州運作的結果多半無法幫市政府保住該得的全部或部分增值利益。當市政府從公共建設創造的所有獲益中徵收特別受益費，常會發現這些受益費只能負擔一部分興辦設施的支出，而且只是鄰地所有權人獲利的很小部分而已。

從受惠於設施的地產來課徵特別受益費，此作法的特點在於評估的土地獲利總額不應該超過興辦該設施的支出，但是市政府是否能憑此制度盡量回收大部分支出，其實也受到質疑。市政府通常寧可不給受益所有權人增添負擔，也不願讓自己的公共建設可以自給自足。特別受益費的額度限制大都是任意決定的，那些不得不維持這個制度的城市，也尚未充分檢驗特別受益費的財務可能性。

這個融資公共建設的政策有兩種變化版本，讓市政府可以回收由該設施創造的更大筆的利益。改進版的特別受益費政策無論在哪裡試行，大都會讓城市花在設施的每一分錢再回到市政府手中。

第一個變化版本，是所謂的延緩估價（deferred assessments）。市政府通常必須在毗鄰設施的土地實際增值前，就得先推估其獲益，這些推估獲益總會因為某些原因而比後來的實際獲利來得少。因此若能延緩估價，市政府就可以等到鄰地的預期增值真的發生時，必要的話才按照增值來估價，同時也不必強迫所有權人事先支付尚未發生的增值。延緩估價的運作方式若能有效施行，將能為市政府掙得可觀收入，卻不會對所有權人造成不正義。[9]

第二個增加特別受益費效果的變化版本，是擴大估價的區域，使它與地產價值確實因該設施而增加的區域相符。換句話說，

估價範圍不會限定在緊鄰設施的地產，而是那些受惠於該設施的整個鄰里的所有土地，離設施越遠，增值就越少，因此，離公路或公園兩條街遠的土地，與在公路上或公園旁的土地，兩者若課一樣的費額，顯然不公平；不過，設計出一種滑動的指標，使徵收費額依循受益情況來估價，卻是有可能的。最成功的經典案例出現在密蘇里州的堪薩斯市，當它在開發公園和林蔭道路系統的時候，因借款能力有限，堪薩斯市政府左右為難：是要放棄符合城市規模和發展條件的公園與景觀道路，還是要讓這些公共建設自己想辦法生錢。後來堪薩斯市政府想出一個辦法，也就是對所有因為這些公共建設而增值的土地課徵特別受益費。就一般街道而言，市政府只要針對毗鄰地產來徵費就夠了；針對林蔭大道則必須向下一條平行的街道也徵收特別受益費。需要公園的話，則必須為了估價設定一個公園區域，緊鄰的土地課得重，周圍區域則被強制劃分為多個分區，根據該公園建設為其帶來的獲益比例課費。1896到1913年之間，堪薩斯市花在公園和林蔭道路系統的花費是11,679,902美金。藉由所述的特別受益費制度，堪薩斯市回收了82.3%的支出。[10]

況且，這麼做不會對所有權人帶來太多負擔。調查顯示公園和林蔭大道創造的土地增值遠比這些建設的成本高得多，因此有很多擁有大片土地的所有權人請求公園局在他們的土地上蓋林蔭大道或公園，並且為這些設施的成本估價。堪薩斯市的案例似乎顯示美國的市政當局還沒充分運用特別受益費體系的資源。

關於特別受益費在美國城市的實施狀況，上面的簡要探討或許可得出以下結論，也就是以此政策為城市取得公共建設獲利的優點：第一，這個作法對於干預私人財產權的敏感問題非常謹慎，

所有權人通常不會被剝奪任何東西，除了一部分由市政府的資金與設施創造出來的利益。政府對於增值的估價部分，僅侷限於滿足該公共建設的興建成本，而不會逾越至其他增值部分。假如市政府的確賺到錢，它也不會把錢收到自己的口袋；市政府的功能就是花錢。第二點，為了花錢，在運作這套特別受益費的體系時，市政府必須百分之百有效率。市政府得做出明確規劃以回收設施的全數成本，滴水不漏。不過，百分百的效率的財務運作並不會發生，即使在最開化的美國城市也是一樣，要知道——這點或許可以是第三點或最後的結論——特別受益費體系在美國實施的條件，十之八九都是市政府的資金付出去卻無法完全收回，反而是應屬於市政府的增值卻回饋到一小群所有權人身上。

另一個堪比超額徵收，能夠幫助城市取得設施利益的方法，是一種稅制或費用系統，或許可稱之為增值稅（increment taxes）。這樣的稅制與特別受益費的不同之處，在於限制城市可以回收的總額，不是針對設施的建設成本，而是設施造成的地產增值。假如設施的成本比地產增值多，市政府就蒙受損失；假如增值多於建設的支出，則由市政府取得獲利，不留給受益所有權人。

美國目前沒有任何一州授權徵收這類稅費，歐洲國家少數實驗過這個方法的案例也不過是近期的事。而且那些實驗始終都沒有明確對公共建設課徵增值稅。

在英國，增值稅是連帶1909年知名的「勞合‧喬治預算案」（Lloyd-George Budget）一起通過的，少於10％的土地增值便不適用。增值超過10％的土地，會在賣地、繼承或租賃超過14年時課徵20％的稅。1904年法蘭克福（Frankfurt am Main）曾徵收過

類似的稅，1911年換成另一種累進的帝國稅（imperial tax），對增值少於10％的土地徵收10％的稅，增值介於170％與190％之間的土地則是徵收19％的稅。[11] 1909年英國的《住宅和城鎮規劃法》（Housing and Town Planning Act）准許公部門截留一部分公共建設創造的增值，但限制徵收的上限是增值的一半。[12] 一個幾乎一模一樣的條款出現在1912年新布倫瑞克省（New Brunswick）通過的市鎮規劃法令，根據這些規定，假如周圍土地的增值夠多，政府便可回收超過設施的實際成本的金額。但通常徵收增值稅是為了截留被稱為「自然」（unearned）的一般增值，而非由特定公共建設產生。

即使似乎很少靠增值稅為公共建設提供資金的相關資訊，卻還是可以指出一兩個有別於特別受益稅或超額徵收的主要差異。第一，假如徵收了30％的增值稅，沒理由說這個稅率不能再定得高一點；如果想用增值稅取代特別受益費，或許就可以這麼做。除了支付公共建設的成本，市政府應可從因設施受益的所有權人收取全部、或者至少一大部分的增值。稅可以年分期支付，以免一次對所有權人造成太大的負擔，實務上就是特別受益費的運作方式，除了對設施成本回收金額的限制。沒有理由不使用此方法，它與特別受益費有同等效率，而且獲利更多。

不過，這個方案也不是沒有面臨困難或待解決的問題，首先就是市政府到底可以收取多少由公共建設所創造的地產增值？理論上，這些增值應該全數屬於市政府，規定所有權人將公帑產生的增值繳回給市政府似乎不難。但來個極端的假設，一塊在林蔭大道開闢前值兩千美金的土地，在道路建成後值5,000美元，多出的3,000美元某種意義來說應該屬於市政府，因為它是由市政

府創造出來的。但實際上，要求所有權人繳3,000美元給市庫也不盡合理，城市顯然覺得只取一部分獲利就夠了，那麼如果這個例子只取部分獲利，為什麼不每個案例都這麼做？該留多少比例給什麼也沒做就賺到錢的所有權人？這個問題不容小覷，需要審慎應對。

更困難的工作是，要如何判定私人土地的價值增幅是因為興辦公共建設的獲益而來。徵收特別受益費時，市政府大都只課徵設施的全數或一定比例的建造成本，再根據各塊土地接穰的狀況大致分配稅額。施行超額徵收的話，城市則有很明確的指引來辦識設施周邊的土地究竟獲益多少，也就是徵收超過實際需要的土地再將之賣出後所得的價錢。但是以增值稅來說，上述的判別辦法都不可行，市政府必須在設施興辦前後，為相關土地進行公平的估價。而要快速、溫和又公平地估價，可不是件容易的事。

雖然是為一個從未實際運作的機制下結論，前述的討論應該能夠支持目前的判斷：市政府的公共建設增值稅會是一個有效的財務手段。為受益土地估價的過程，很有可能走漏風聲，甚至產生貪汙，不過至少在大部分狀況下，市政府可以完全回收建設的支出，甚至還賺到一些利潤，而且不為難任何人。這樣的成效，只有少數實施特別受益費的案例能夠達到。

以超額徵收來補貼公共建設的資金，其實是在近年才被美國各州和城市視為既有的特別受益費制度之外，另一個可有可無的備案。目前美國還沒有任何城市實施過完整的超額徵收，到底這個方法能夠多有效地截留公共建設創造的價值增值，仍然僅是紙上談兵。

如前所述，美國授權財務目的使用超額徵收的法規可分兩種：

第一種，市政府可以徵收超過實際需要的土地並轉賣剩餘土地，在轉賣契約裡得附加或不附加對後續使用的限制條件。換句話說，根據這條法規，城市有三個運用超額徵收的方向：純粹賺錢或存錢；純粹保障設施的外觀和效用；或者合併這兩種目標，用此權力徵收更多土地，來償還建設的支出，同時也保護設施免於傷害或毀損。第二種提到過的超額徵收法規，容許市政府有轉售剩餘土地的權力，但沒有提到任何關於對土地未來使用加諸保護性限制的字眼。[13]

前面說過沒有任何美國城市有以超額徵收來補助公共建設的成功經驗，不過還是值得簡單談一談這些法規賦予的權力曾經如何被運用，即使它們沒有發揮明確的效果——或許這些效果要在權力被更廣泛地使用時才會產生。其中有一兩個案例曾經提議要進行超額徵收，但最後卻未實施，或許也會順帶提一下。

首開先例啟動徵收權而沒有對轉售的剩餘土地加諸限制的美國城市之一，是康乃狄克州的哈特福市（Hartford）。[14]哈特福市允許殘餘地買賣時「附加或不附加對該不動產未來用途及占有的限制⋯⋯」，不過在其中一兩次動用徵收權來處理小塊的殘餘地時，哈特福市從來沒有把它當成融資公共建設的手段。

紐海芬市政府（New Haven）自1913年被授權以來，從來沒有實際運用過這些行政權力。[15]

麻州議會通過五個超額徵收權的特別法案，[16]其中三個關乎伍斯特市（Worcester）特殊的公共建設。最後伍斯特市實際執行的只是1912年的法條，用於處理貝爾蒙特街（Belmont Street）拓寬事宜。但即使在這個案例中，運用超額徵收只是為了取得殘餘地。市政工程師對該法令的應用情形有如下描述：

我們施用此權，取得所有受街道重劃影響、面積不敷作建地使用的地產，旨在機會許可時出售多餘之土地面積。目前我們還未拍賣或拋售這些殘餘地，但我們相信它們總有一天可以賣個好價錢，大大減少街道拓寬過程中的取地成本及其他傷害。[17]

　　麻州高速公路管理委員會（Massachusetts Highway Commission）根據1913年的法條所施行的超額徵收，也有類似的極為有限的使用限制。[18]該委員會被授權以超額徵收在史瓦普斯考特鎮（Swampscott）興建一條高速公路，建設規劃完成之後，實際執行的權力及藉此取得適合的殘餘地的責任則落在愛塞克斯郡（Essex County）的特派委員會身上。麻州高速公路管理委員會的主席這麼說：「我記得他們在某幾個區域的確徵收了超過需求的土地，至少有一處被處置，那是一小塊徵收來的土地，後來被轉讓給代表公共福祉的都市公園委員會（Metropolitan Park Commission）。」[19]

　　關於1913年授予麻州賽倫市（Salem）徵收多餘土地的權力，該市的市政工程師如此寫道：「我們被授予超額徵收的權力來進行橋街（Bridge Street）的拓寬事宜，但我們並未使用此權力。1914年的春天，原本萬事俱備，箭在弦上，不料一場祝融之災摧毀了三分之一的城市，該計畫只得停擺。目前我們正為街道重新鋪設耐久性鋪面，但基於財務因素，最終決定不拓寬該街道。」[20]

　　1914年紐約州的雪城（Syracuse）也被授予超額徵收權，[21]其市政工程師表示當時只有一個機會施行該權力，也就是一個如今依然在訴訟中的街道開闢與擴建案。他補充說：

但不保證能夠達到目的，因為成本實在高到連獲利也很難支應。不過實際的難處不在如何運用超額徵收制度，而在於成本負擔往往落在少數獲益微薄的納稅人身上。事實上，真正的「毛病」反而不在超額徵收制度，而在我們本身的稅制上……

一條四十英尺寬的街道穿過一塊六十英尺寬的土地，在道路兩側留下狹長的地塊。我們建議徵收整個地塊，將其闢為街道，以任何對城市最有利的方式處置殘餘地。

我們尚未進入最後階段，因此無法提供您關於最終該如何處置殘餘地的經驗借鑑。[22]

雖然美國的城市僅有如上區區少數以超額徵收為財務手段的實例，俄亥俄州的克里夫蘭（Cleveland）最近倒是出現採取這個政策的議案。根據俄亥俄州憲法，市政府得依據該法施行超額徵收權，以保護公共建設之外觀與效用，其條文提及剩餘土地售出時「應附加適當保護建成設施之限制」。提議施行超額徵收的次要目的是為了重劃眾多殘餘地，並針對接鄰設施的地產施加保護性限制；徵收殘餘地的主要目的無疑與財務有關，以正當化如本章所討論的事業開發計畫。該議案的討論具體詳實，清楚闡明超額徵收可能造成的財務效果。

議案主張要在兩個不同據點開闢或擴建卡內基大道（Carnegie Avenue）。第一條支線位在克里夫蘭市的商業區，需要在東十四街和東二十二街之間新開闢一條八十英尺寬的大街。第二條支線則是要在東八十九街與東一百街之間開闢一條與住宅區等寬的街道。這些區域開發之後，卡內基大道就會穿過市中心到達外圍區域，能夠舒緩兩條平行電車路線上的交通壅塞。

如何支應重要設施的成本也是亟待思考的問題，1914年春天，市議會議長（director of law）呈交給市長一份鉅細靡遺的報告，詳陳各種資金來源，內容列出了三種街道闢建計畫的財務支應辦法與分析。[23]

　　第一個辦法，由市政府發行債券，以支付購地和闢建新街道的工程費用。毗鄰的所有權人會被課徵闢建街道的支出，但不會被要求負擔購地的費用。用這個辦法，城市的總支出是563,525美元。

　　第二個辦法，克里夫蘭市施行由俄亥俄州在1912年修憲的自主憲章所授予的權力，當地產因為公共建設需要而被徵收時，該權力規定估價金額不得超過購置受益土地的半價，而且不得超過因設施所得之實際利益。在最理想的狀況下，克里夫蘭市可以透過此受益費（assessment）收回一半用來闢建新街道的土地徵收費用，不過這種理想狀態可遇不可求。市議會議長表示：

　　接鄰地不可能獲得一半的購地費用，因為開闢街道會導致鄰地成為難以使用的畸零地。大都是狹長的條狀地分布在建設街道的兩旁，這些條狀地或小街道旁的空地只能夠被集中利用，以重新分配與建設街道的接鄰面。任何土地獲益取決於所有權人整合周邊零碎地的能力，因此，本市企圖從周邊地產獲得的受益費若很可觀，我確定受益費會很搶手。我不敢大膽地說要向鄰地或周邊土地課徵50%的受益費，但我可以保守地說，收取不超過總支出的25%是合理的。[24]

　　假設克里夫蘭市如果能夠收回取得土地的四分之一支出，這

個辦法可以將整個事業開發的總成本降到425,406美元。

第三個支應兩條支線開發的財務手段，就是超額徵收。在這個方案裡，不需要課徵任何名目的特別受益費，市政府必須支付取得土地和闢建街道的費用，總額是662,975美元。除了街道用地本身，市政府還要付出徵收鄰地和周邊土地的1,251,261美元。預計在蓋了設施之後，多出來的地會漲到1,816,249元，市政府會把賺來的564,988美元用來補貼設施的成本，將總支出降到97,987元。[25]

以超額徵收來興辦這些建設計畫的財務評估，來自市政府要求製造商估價公司（Manufacturers' Appraisal Company）所提出的一份周詳的報告。[26]這份報告將街道開闢前後所有受影響的地塊都做了詳細的估價，有趣的是，超額徵收用在開發這兩條交通支線所產生的結果截然不同，東八十九街與東一百街之間的街道沒有提升周邊地產的價格，因為這裡本來就已經是很受歡迎的住宅區，所以並沒有因為開闢一條新的大街而得到什麼特別的好處。此處由開路建設帶動的土地增值完全被徵收土地造成的破壞給抵銷，克里夫蘭市實際上承受大約77,000美元的淨損失，還不算開闢新路的支出與徵收的行政成本。另一方面，闢建在東十四街和東二十二街之間的商業區新街則為周邊土地帶來可觀的增值，克里夫蘭市某些需要商業據點的地方開始出現新的臨街面和角落，此處的土地增值被超額徵收截留後，扣除興建街道和行政費用，可為克里夫蘭市賺進90,000美元。這些估算非常重要，顯示超額徵收可能有機會適當運作，來為建設提供增值利益。

1912年，波士頓街道規劃委員詹姆斯‧加利文（James A. Gallivan）曾在全國都市規劃研討會（National Conference on City

Planning）上提議要透過超額徵收來為波士頓的一條商業街提供資金。雖然在此無法像前述的克里夫蘭案例一樣細究這個事業計畫，還是可以看出這些事業在不同的情況下會發展出不同的財務結果。

波士頓蓋公路的這個案例是為了要滿足更多對交通設施的需求，為了蓋這條路，市政府需要徵收金額多達8,118,811美元的地產，根據1904年法令[27]而將徵收的殘餘地則要花上3,804,899美元。

倘若市政府決定要徹底遵循超額徵收的原則，徵收可能因為建設而顯著獲益的土地，就必須連同公路兩側深度125英尺的狹長地塊一同徵收，這些剩餘土地的價值估計為7,875,700美元。假設市政府很幸運，可以實際估定的價格取得這三類的地產，得付出幾近兩千萬美元，但事實上似乎不太可能用這麼低的價錢得到土地。這些土地的高租賃價值（rental value）會把原本的徵收價格再抬高一半，使市政府的淨支出將近三千萬美元。

為了要償還這些金錢，市政府必須以原估定價值的153％來轉售剩餘土地。加利文先生認為鄰地很難在幾年內增值，而且剩餘土地不該留在市政府的手上，除非土地使用能夠獲益，否則利息費用和稅收損失會很快抵銷大半原本可以回收的金錢。整個事業計畫似乎伴隨著高度財務風險。[28]

美國城市使用超額徵收權進展得很緩慢，有些膽怯。加拿大有一兩個城市實施超額徵收權力的時間雖然比美國一些地方短，卻把這個權力發揮得更廣泛與大膽。哈利法克斯（Halifax）已經常態性地實施此權力來徵收殘餘地；[29]多倫多的腳步也沒落後，即使多倫多還沒在設施兩側兩百英尺的範圍內實際運用徵收權；[30]

蒙特婁更是標新立異，它執行了三次超額徵收，把所有剩餘土地賣掉後賺了一筆錢。這幾個建設案例值得細細研究，因為它們是世界上所有城市裡執行超額徵收最成功的案例。

蒙特婁第一個施行超額徵收的建設，是從聖母街到河畔的聖勞倫斯大道延伸工程，這條新公路寬六十七英尺、長六百五十英尺。蒙特婁憲章的條文明文規定：

> 市政府得經雙方協議後購買或徵收多於建設目的之不動產或部分不動產，以轉售並將收入全額或部分用於購置該類不動產或部分不動產，或用於支付將興辦之工程或設施，前提是所有權人不得參與購置這些動產或部分不動產。[31]

根據此條文，1912年市政府徵收了新公路北面和下一條平行街道之間所有土地，這條狹長土地的平均深度是七十五英尺。在新路的南面，有一塊面積差不多的土地也被徵收，雖然它並沒有穿過與新路平行的街道。

市政府為徵收來的102,002平方英尺土地共付出690,850美元。其中49,258平方英尺作街道使用，剩下的地拍賣得到722,194美元，拍賣的宣傳費與拍賣官的費用是6,344元，因此蒙特婁賺了25,000元，可以用來補貼蓋新公路的支出。[32]

蒙特婁還有另外兩個類似的事業計畫，徵收的土地面積比闢建聖勞倫斯大道還多，但為城市帶來的利益卻明顯少很多，其中一個賺了12,817元，另一個則賺了16,780元[33]。

1913年，蒙特婁啟動了另一個超額徵收開發計畫，不過由於一些意外，產出的結果就沒有前面的案例那麼亮眼了。為了開闢

聖約瑟大道（St. Joseph Boulevard），蒙特婁市付出250萬美元徵收了794,000平方英尺的土地，其中大約有556,100平方英尺超額徵收的剩餘土地，蒙特婁市還來不及處置這些土地，歐陸戰爭就爆發了，房地產市場嚴重蕭條。當時對市政府來說，繼續持有地產，等待市場哪天恢復生機，才是明智之舉。估價委員會（Board of Assessors）的主席弗恩斯（Ferns）宣布雖然豐厚的土地利潤指日可期，但因損失了利息費用和稅收，獲利純屬偶然，而且非正常狀態之結果。[34]

　　整體而言，蒙特婁施行超額徵收的成效非常令人滿意。蒙特婁市在該事業開發的效率和速度可以作為美國城市實施此政策的表率。

　　美國和加拿大的城市認為用超額徵收來賺錢或存錢，是個必須謹慎小心的新方案；幾個歐陸城市則有不同的看法，對這些城市來說，超額徵收並不陌生，它們雖然沒有把超額徵收當成融資公共建設的長期及固定政策，許多歐洲城市實施超額徵收經驗倒是不少。這些城市曾經以各種形式、在各種不同情境下，將超額徵收作為獲得增值利益的手段。簡介一下這些外國經驗將會對理解超額徵收政策的運作情況很有幫助。

　　先來談法國以超額徵收來融資公共建設的經驗。不過這邊並沒有要詳細探討各個與超額徵收有關的事業計畫。

　　如前所述，[35]巴黎在1852年通過法令授權以超額徵收來處理剩餘土地。該法令規定無法作適當開發的零碎土地得被徵收，但在公共建設邊界之外的土地在必要時也可以被徵收，以妥善重劃這些因為街道的不連續而留在城市手上的殘餘地。

　　根據這條法令的授權，巴黎市政府開始把超額徵收用在法律

沒考慮到的目標上，像是徵收超過公共建設實際所需的土地，以截留該設施可能創造的增值。1852年到1869年這段期間，巴黎有很多了不起的成就。塞納省省長巴倫‧豪斯曼（Baron Haussmann）在當時規劃、興辦了一連串的公共建設，讓巴黎成為今日世界最美的首都，也留給巴黎市政府八億法郎的債務。當時開闢了56.25英里的新街道，平均寬度80英尺。為了闢建這些街道、重劃殘餘地和不連續的街道，還有償還事業的支出，市政府花了259,400,000美元來徵收土地。1869年，市政府賣掉部分用不到的土地，所得51,800,000美元，手上土地還剩728,000平方碼，價值14,400,000美元，雖然有390,000平方碼的剩餘土地是從不連續的舊街徵收來的，沒花到市政府半毛錢。超額徵收用在闢建這56.25英里的新街道，回收的金額大概為巴黎市政府最初取得土地成本的四分之一。[36]

要詳加分析以上這些數字是不太可能的事，而且某些有助於理解這些事業計畫的資料似乎不可得，但可以公平地說，超額徵收沒能幫巴黎市政府獲得公共建設創造的土地增值，而且巴黎當時的不動產市場條件已經算是非常有利了，那時正是一片榮景，土地價格處處上升且居高不下。[37]

雖然巴黎用超額徵收來支付公共建設的手段似乎失敗了，但起碼還可以解釋部分緣由。該制度沒辦法順利運作，主要是因為行政困難。市政府認定適合徵收的土地，其價值是由審議團認定，這些審議團邪惡的把估價價格拉高，遠高過於官方的估價，因此抵銷了市政府大部分的預期獲利。剩下的獲利，幾乎都拿來償還1858年重要的公共工程支出了，原本估計所需的成本為36,000,000美元，實際卻支出了82,000,000美元。[38]就此情況，梅

爾（Meyer）指出，例外往往才是規則。歌劇大道（Avenue de l'Opera）在1876年完工，如果按照之前的經驗是，市政府要付出13,200,00元給被徵收的所有權人，再透過賣過剩地回收4,200,000元。不過現實與預期不一樣，市政府只需付出10,800,00元來取得土地，而興辦的費用則降到6,600,000美元。[39]不過，依照規定，市政府必須眼睜睜看著預期的土地增值利益被徵收審議團高得離譜的土地徵收補償估價吞掉。

累積的經驗讓政府相信市政府不該把超額徵收當作補貼公共建設的獲利手段，因為市政府畢竟是公法人，無法像私法人那樣獲取某些財務利益，因此城市發展出將公共建設計畫發包給私人承包商的有趣作法，由承包商興建公共建設，城市不會花到錢或只需要提供小額的補助款。承包商透過私人買賣手段買下設施周邊土地，假如沒辦法透過私下承購，得由市政府來徵收土地。轉賣剩餘土地的獲利就當作給承包商的補償，若有任何損失他也得概括承受。幾個案例都經過這種程序開闢了街道或清除簡陋地區，對市政府幾乎沒有造成什麼財務負擔，卻為承包商賺進大筆利潤。民間資本似乎不介意為了取得剩餘土地的增值利益而承擔一些財務風險。梅爾指出1897年有私部門向巴黎提出類似的建議：「傑哈企業（M. Gerard）連袂土地信貸銀行（Credit Foncier，譯註：現為法蘭西土地信貸銀行／Crédit Foncier de France），提議讓奧斯曼大道（Boulevard Haussmann）銜接德魯沃街（la rue Drouot）與泰爾包街（la rue Tailbout）。傑哈企業願意把新街道免費移交給巴黎市，但期盼透過所取得的土地權或控制權的土地漲價，賺回成本。這個運作包含以協議收購或者強制徵收（由市政府來執行）21,560平方碼的土地，估計支出一千三百萬元；其

中會釋出10,800平方碼的剩餘土地，估計價值三百萬元。至於剩下的1,000萬，傑哈企業打算從新街道周邊的地產出售來回收。」[40]顯然這個提議沒有被接受，因為1912年奧斯曼大道的延伸工程並沒有動工。同年，市政府決定把這個工程包給某個承包商，條件比傑哈企業訂定的還寬鬆。羅賓森（Robinson）在他最近一部論述都市規劃的著作裡，詳細解釋了市政府的主張：

　　這個建議被提出後，經塞納省通過，奧斯曼大道的延伸工程以一般的「招標出售」（sale by tender）交到承包商手上。也就是說，巴黎市公告希望奧斯曼大道可以延伸到格蘭德大道（Grande Boulevard），而且宣稱會為以有特許權者來啟動徵收權，這些特許權者必須先付給市政府裁定後的土地費用，拆屋然後蓋一條幹道；得標的承包商之後就把幹道用不到的地賣掉，盡可能從中獲取利益。塞納省表示：「承包商很可能蓋新建物，然後打折降低一些利潤，這是市政府過往獨自運作時不會想去做的。承包商在驅趕承租戶時或許可以獲得更好的條件，因為他可以承諾在一段時間後再讓租戶遷回來，盡可能靠近之前的地點……」該項工程的細部計畫規定，萬一支出超過預估的五千萬法郎，市政府和承包商就必須共同分擔多餘的支出，巴黎市負擔40%，承包商負擔60%。這個契約似乎有其必要性，一是對承包商的部分保障，再者是作為接受事業的誘因。在馬爾伯夫區（Marboeuf quarter）以這種方式進行的事業開發，承包商已知此工程支出繁重，由於仲裁委員會多半對所有權人和被趕走的租戶很慷慨，承包商知悉市庫無法負擔，支出就落到承包商的身上。進一步的規定保障市政府免於違約或延誤……另一方面，市政府同意以特許權者之名來

啟動超額徵收權，由特許權者來支付費用、驅趕承租戶並維持秩序。

這類協議似乎不是不可能，承包商或一群資本家或許會願意承接許多市政設施，市政府不必花錢——最後的結果，與市政府透過超額徵收權，能夠以更高的價格賣出剩餘土地來償還支出的情況是類似的。[41]

倘若民間願意承擔財務風險，法國政府也願意把實施超額徵收來補貼市政建設所產生的獲益讓給民間，其實是自承對超額徵收政策欠缺信心。超額徵收無法作為市政財務的可靠來源可能僅是因為行政上的失能，其本身未必是失敗的政策。後來超額徵收相當程度被方才討論的這一方案給取代，即把公共建設外包給私人包商。最高行政法院本來希望授權以超額徵收來獲得增值利益，雖然這麼做已經超出法案本身的範疇，最後就與前面講的一樣，得採取更嚴厲的態度，嚴格限制徵收超過實際需要的土地數量。因此近來法國便少有以超額徵收來賺錢的例子。[42]

由於最高行政法院對先前自由運用超額徵收權加諸的嚴格規範，這使得如果要回復以往把超額徵收當作財政來源的昔時作法，必然需要改變法國的法令。不過，巴黎似乎越來越相信超額徵收可以是有效獲取增值利益的策略，過去幾年曾經試著修法，好讓這個徵收政策變得可行。1914年春天，下議院（Chamber of Deputies）針對此目的提出議案，最後這個議案變成了法律，但是其內容則被修正，去除了擴張現行超額徵收權的條款。據說此法案被削弱的原因，並非因為法國議會反對以超額徵收獲取增值利益，而是因為他們感覺這個議案提出的時機不對。[43]

雖然比利時也是以超額徵收來達到支付和保護公共設施的雙重目的，但是它的經驗卻又與法國截然不同。雖然曾經犯下嚴重失誤，遭受龐大損失，但比利時的城市卻從此經驗中受益，因此超額徵收已經是推動公共建設時長期落實的政策。1904年艾德蒙‧帕克（Edmund M. Parker）為麻州議會委員會準備了關於比利時如何運作這套機制的詳盡摘要報告，[44] 他追溯至更早之前，超額徵收在比利時城市推動時的重要步驟。

　　1867年比利時通過一條法律，賦權市政府徵收公共建設的土地之外，也可以徵收附近的土地，徵收目的可以是要改善衛生條件或保護公共設施，或者以上皆是。布魯塞爾是比利時第一個通過法令啟動超額徵收權的城市，常常企圖兼顧兩種目的。

　　布魯塞爾市中心極為壅塞，街道狹小蜿蜒，所有權單位極小，衛生條件非常惡劣，塞內河（Senne）和其支流流經市中心，形成現成的汙水排放處，讓環境變得更糟糕。

　　後來衍生的處理方法是將河流導入一連串的導管，就位在預備興建通往市內商業區的氣派公路的正上方，因此顯然需要想辦法控管幹道周邊的土地，還有減輕事業開發的經濟負擔。為了兼顧這兩種需要，於是通過了1867年的法令。

　　1868年建設工程開始，1870年代晚期完成，也就是現在的新林蔭道或內線大道（New or Inner Boulevards）。

　　布魯塞爾市政府實施超額徵收權的標準很寬鬆，面向林蔭道的土地用作公共建築，但大部分都賣給願意配合興建適當建物的買主。為避免幹道和周邊很快被不當開發，市政府以優惠到離譜的條件把徵收來的周邊地產賣掉，來促成期待的發展。這些土地的買家每年必須付給市政府買價的4.5%，為期六十六年。除此之

外，市政府提供寬鬆的貸款條件給願意在所購地興建適當建築的承包商，可貸金額高達一半的建築預估支出。

　　訂定這麼寬鬆的條件，結果就變成市政府的災難。實際上，布魯塞爾貸出的款項超過建築物興建成本的一半以上。很多筆貸出款項根本沒有辦法收回，市政府只得被迫接收半完工的建築，自己再想辦法完成。有的案例是市政府必須收回原本賣出的土地，因為買家付不出錢。除了這些損失，原本簽約要蓋排水導管和大道的公司也經費不足，市政府只好自己付出高於原始估價的更多錢來完成這些工作，結果就是市政府欠下五千萬美金的債務，差點破產。1904年，布魯塞爾仍然持有四百多棟租屋的所有權，花了約莫六百四十萬美金，這比賣掉這些地的可得收益還多出一百萬美金。

　　許多類似性質的建設在1880年代前期出現在布魯塞爾，造成了嚴重的財務負擔。不過，就在這些負面影響昭然若揭的時候，布魯塞爾市政府也放棄了這個有勇無謀的政策，改在更穩健的財務基礎上來轉賣那些因徵收而來的剩餘土地，於是就不像之前的規定那麼寬鬆，改為至少土地買價的25％要以現金支付，剩餘的分十五年分期付款，加上4％的利息；貸款給未來建商的政策也完全取消。布魯塞爾的政府官員認為，假如一開始就採取這種更合理的策略來處置剩餘土地，就能夠避免大部分剛才提到的財務困局。帕克（Parker）先生宣稱：「從布魯塞爾目前的經驗，可以說按區域來徵收土地是個錯誤，公務員認為既然市政府有這種取得土地的權力，就不需採用其他方法；但就像前面提過的，徵收這些土地的目的，亦即包含公路本身以及城市的外觀及衛生等建設，是無法以其他方式達成。」[45]

其他的比利時城市也與布魯塞爾一樣為了相同的目的實施超額徵收，但它們的商業策略與情境也更有利，因此得以避免布魯塞爾遇到的問題。比方說列日（Liege）就有好幾個透過超額徵收興辦的設施為市政府賺進一筆實質的收益。

在比利時，國家本身沒有徵收超額土地的權力，該權力只限於受國家監督的城市才得施行。因此出現了有趣的情況：中央政府和布魯塞爾市簽定協議，布魯塞爾同意代表國家行使超額徵收權來興建一個火車站。國家同意預付任何事業所需的資金，也承擔事業推動時的全部風險。

就如同帕克先生所點出的，比利時的城市將超額徵收應用在某種特定類型的事業計畫，也就是被超額徵收的區域亟需大幅振興，就算賠錢，這類改進建設也值得投入。布魯塞爾和列日的經驗似乎顯示，如果能夠妥善管理，推動這類事業不必然會虧錢。

說到長期以超額徵收作為一種市政財務手段，還發展得頗有意思，就非英國莫屬了。在美國的城市，說到支付公共建設，超額徵收並沒有與特別受益費抗衡的立即跡象。不過在英國的城市，也不過就在過去幾年，特別受益費漸漸與超額徵收機制分庭抗禮。在美國，「用超額徵收來賺錢」就等於英國人所謂的「增值利益」（recoupment）。檢視增值利益政策在英國推動的簡史，有助於了解此機制作為財務權宜手段的價值所在。

超額徵收在英國的立法背景，某方面與法國很類似。這兩個國家雖然都依法行使徵收權多年，卻從來不曾授權徵收除了殘餘地之外的多餘土地。英法把超額徵收當作市政財務手段，明顯超出法律原本的意圖，後來被廣泛運用。與法國不同的是，英國默許法律擴充，擴充的內容實際上也變成了法令本身的一部分。

英國的超額徵收可以上溯到1845年的《土地條款合併法》
（Land Clauses Consolidation Act），是一部彙整過去曾徵收私有
財產供公眾使用的法令集成。[46]此法只有一些條文與現在的討論
有關，其中一條明定若持有人願意且有能力全數出讓，不得強迫
任何人僅賣出一部分的家屋、建築或工廠給正要興辦公共建設的
官方單位；[47]另一條則規定假如公共建設留下面積少於半英畝的
殘餘空地，這些零碎地的所有權人就可以要求市政府買下這塊
地，除非他所擁有的鄰地可以與之整合。整併殘餘地和周邊土地
的工作必須由市政府來推動且支付費用。[48]但是若整合因為建設
造成的殘餘地的花費比殘餘地本身的價值還要高，市政府就可以
徵收它們。[49]此法令規定官方推動公共建設時必須在完工後十年
內賣掉所有取得的剩餘土地，屆時沒賣出的地就會「依照比例成
為相鄰土地的所有權人之財產」[50]。最後就算市政府準備好要賣
出這些剩餘土地，也必須把土地先賣給原所有權人，假如原所有
權人下落不明或拒絕買下這塊地，市政府就必須把地賣給周邊所
有權人。[51]

土地條款合併法顯然沒有意圖授予任何公部門權力來徵收超
過實際需要的土地以轉售牟利。第一個企圖以徵收土地來償還支
出的是大都會工程委員會（Metropolitan Board of Works），在
1857到1889年之間掌管倫敦市的公共建設。

大都會工程委員會決定向國會申請每個建設事業都由官方來
徵收土地，雖然這些徵收是受土地條款合併法的一般條款規範，
實際的徵收數量則是由大都會工程委員會和下議院委員會委員長
（Lord Chairman of Committees of the House）來決定。[52]經由這樣
的方式，徵收的數量日漸增加。致使為了興辦公共建設而取得的

土地漸漸已超過了需要的數量，以期大量的多餘土地在後續轉售或出租時能減少建設的成本支出。

這套獲取增值利益的機制在大都會工程委員會掌管下運作得不太成功。1857年到1889年之間，該委員會拓寬了倫敦市14.13英里的街道，為此徵收了價值58,859,000元的土地，從賣剩餘土地回收了26,608,000元，是成本的43.5％。[53] 經驗顯示，轉賣剩餘土地在大多數的時候無法彌補支出，因此委員會轉而採取較保守的徵收策略，主要是只付少少的錢徵收緊鄰設施、面積較小的土地：[54]

也不徵收切過新街道的昂貴建築，導致不方正的新幹道的臨街面出現許多怪異又不雅觀的銜接點。此策略有時會損害新街道的格調與便利性，甚至為這條街留下罵名，或者沒辦法藉由小面積的剩餘土地來回收一點利益，好補貼建設街道的支出。[55]

有足夠的證據顯示，像大都會工程委員會那樣把超額徵收用來獲取增值利益，不僅成效不彰，對於熟稔這套運作機制的人來說，也是無益之舉。1877年，當一個新的公共建設議案提出償還支出原則，後來被送進國會審議及等待批准時，索爾茲伯里侯爵（Marquis of Salisbury）堅定地對此政策提出異議：

委員會的確應該從新街道的臨街面創造利益來償還街道設施的費用，但絕非等同於……只要委員會興建了街道，就有權力以其臨街面來投機炒作。往好的方面說，工程委員會所持有的權力極度危險，徵收臨街面的土地不必然就能償還納稅人付出的成

本，但肯定的是，這麼做絕對會對所有權人造成嚴重干擾……有
一度大家以為蓋鐵路可以回本，現在大家覺得新街道可以提升土
地的價值。我相信繳納固定資產稅的人終究會發現這個主意只是
幻想。大都會工程委員會喜歡買地與轉賣土地，其中包含要付給
律師、建築師、測量員、估價員的高昂費用，他們的時間很寶貴，
收費奇高。我曾經從兩三個鐵路公司聽說箇中一二，他們遭遇的
情況越來越嚴峻，即使不是全然因為取得剩餘土地又賣掉這個過
程中的種種高昂支出。除非大都會工程委員會謹慎買賣這些臨街
土地，否則它會發現處理土地的花費恐怕會在沒可能的獲利。它
也會發現這個權力對所有權人造成嚴重的損害和重大損失，也浪
費納稅人的錢。[56]

　　1894年，倫敦郡委員會（London County Council）的副主席
查爾斯・哈里森（Charles Harrison）到上議院（House of Lords）
一個委員會作證，大都會工程委員會所企圖獲取增值利益的效果
並不好，甚至還持續造成損失，而且這已經成為一致的通則。他
引用格雷律師學院路（Gray's Inn Road）的街道拓寬案例來支持這
個論點：

　　格雷律師學院路拓寬的前提，是要能透過增值來回收開發的
成本，最後的總支出是338,992英鎊。我們如果先把其他費用扣
掉，只算徵收街道土地所需要的開支，金額是252,700英鎊。為
了要取得那些周遭土地來回收建設成本，政府損失了86,292英
鎊。[57]

倫敦郡委員會的政黨法律顧問克利普斯（H. L. Cripps）已經擔任大都會工程委員會成員二十五年，也與哈里森一樣在同樣的委員會裡證實「一般而言，而不是單一個案，根據估價員的意見，原本想要取得增值利益的建設案，最後卻淪為揮霍成本的開發。」[58]

　　不過，有一個大都會工程委員會的建設案的確是有透過增值的利益來獲得財務上的成功，這與多數案例最後黯然收場是天壤之別。這個案例是諾森伯蘭大道（Northumberland Avenue）的闢建案，1875年完工。委員會以3,293,000元買下土地，街道開闢完成後，委員會把用不到的地賣得4,157,000元，賺了大約八十六萬，扣掉蓋街道的成本，還剩餘六十萬。這個開發顯然非常成功，也常常被引用來證明城市如果善用超額徵收的話，是可以創造利益的。[59]

　　但是，若更仔細研究諾森伯蘭大道建設的來龍去脈，會發現這個案例其實是個特例，而且大都會工程委員會從本案獲得的利益其實是陰錯陽差的結果，否則本來不應該賺得這麼多。

　　首先，委員會當時以極低的價錢承購了闢建新街所需要的土地，此案例並不需要獲取任何商業利益，換句話說，不需要賠償商家被迫放棄土地的損失，這類賠償金額常常與徵收土地的價錢差不多。而且因為新街道而被徵收的土地皆為某一人持有，基於某些原因，這個人用很優惠的價錢把地賣給市政府，包括諾森伯蘭之家（Northumberland House）與四、五英畝的土地。諾森伯蘭公爵（Duke of Northumberland）願意用便宜的價錢賣地，讓市政府可以從中大賺一筆，如此市政府才會願意把這塊地解封並接手過去。他不在乎為了建築目的來重劃土地，也願意承擔延誤或損

失的風險。[60]

　　諾森伯蘭大道計畫最後能夠有獲利的第二個原因，是因為當大都會工程委員會準備好要賣掉剩餘土地，想買地的人早已躍躍欲試。要賣的地旋即就被幾個大型飯店集團買走，他們一直在等待機會在那個區域找個適合的地點，因此委員會才能很快賣掉剩餘土地還賺到錢。[61]

　　關於取得土地與賣出土地的條件，在這個案例裡僅能滿足需要，並沒有特別的有利，因為大都會工程委員會後來就讓一大筆本來應該由市政府獲得的利益從指縫間溜走。簡單說，就是有一筆可觀的利益直接進了大都會工程委員會部分成員的口袋。因為委員被收買，為了回報施賄者，委員會將值錢的土地以遠低於真實的價值賣掉，不確定市政府到底因為這些不誠實的做法損失多少錢，倫敦郡委員會和議會委員會處理街道設施的成員埃姆登（W. Emden）在1894年在前面提過的上議院委員會前作證：「假如諾森伯蘭大道計畫能夠好好管理及誠實的處理，就一定能夠賺得更多，不是十七萬英鎊，我認為應該是五十萬、六十萬、七十萬英鎊或更多。」[62]整體而言，實際建成的諾森伯蘭大道，對支持用超額徵收來獲得增值利益的人來說，不算是個特別有力的論點。

　　不過，即使諾森伯蘭大道計畫看似非常成功，但大部分有資格發言的人卻認為大都會工程委員會運用增值利益政策的經驗一直成效不彰，令人失望；也有人覺得這個機制本身並非無法運作，假如能夠發掘增值利益策略失敗的原因並克服相關的困難，最後就有可能真正成功。據悉導致失敗的原因有三。

　　第一個增值利益政策失敗的原因，是因為既定政策，大都會

工程委員會付出徵收土地的錢始終高於土地價值。每次徵收，土地合理的市場價格都是透過估價或仲裁來決定，委員會再加個10％當作強迫徵收的補償，這10％算是給被徵收者的某種分紅。公眾情感和行之有年的先例贊成發放這種紅利，但每一次委員會為了回收購地的成本而賣出剩餘土地，所必須面對的財務風險就更高。[63]

第二個導致償還策略幾乎無法獲利的原因已經提過了[64]，也就是必須付出天價來買斷受影響的商業利益。麻州委員會（Massachusetts commission）曾經清楚明述過這種情況：

公權力依1845年的土地條款合併法以強制力取得土地，該土地的佔有者無論是業權持有人（freeholder）還是租借人（leaseholder），只要在該地經營生意，並能證明失去土地會損害商譽，便有權獲得補償。通常其實商譽損傷不大，不過實務上陪審團的損害賠償都是假設商譽完全或近乎完全受損來訂定的。[65]

前面提到[66]的查爾斯·哈里森宣稱，「從這些增值利益案例裡的實際數字顯示（這些數字不算是證據），並不是你徵收的土地本身遭受什麼損失，而是因為你買了一些無法再出售的東西（商業利益），因此在每一個特定利益中，其實都有很多浪費、成本和其他有關的支出。」[67]

第三個大都會工程委員會運用增值利益政策於設施卻虧損公帑的原因，是因為委員會本身的腐敗，這就不需要深究細節，只需要知道情況糟到1888年得召開「皇家委員會調查與大都會工程委員會工作相關之特定事務」。皇家委員會的報告揭發大都會工

程委員會內關於購買商業利益及轉賣剩餘土地有組織的系統性舞弊結構。[68]無庸置疑，市政府因為官員系統性的不正直而損失了非常多錢，雖然並沒有辦法估算這筆錢到底有多少。

目前無法判斷這三個因素導致增值利益機制無法獲利的影響程度到底有多深，英國官方似乎覺得大都會工程委員會被迫為商業利益付出的天價，比任何其他原因更加抵銷了增值利益機制應該為市政府帶來的利益。1894年，上議院的專責委員會被指派研議整併特別受益費和增值利益機制的可行性。他們的報告萬言書前面也引用過，[69]裡面討論到這兩種策略的優點，很多優秀的財金系學生也向委員會提出他們的看法，最後委員會對於增值利益機制的結論如下：「有些實際操作過這套體系的人提出了一些證據，整體來說就是這個體系不算成功，但委員會認為這方法從沒有應用在適切的條件下，好證明它可以成功，畢竟沒有足夠的權限可以讓地方政府持有這些改良過的土地卻又不需要買斷（原所有權人）所擁有的商業利益，因此，伴隨這種作法而來的肯定就是奢靡的花費。」[70]

根據1888年的地方政府法（Local Government Act），大都會工程委員會不復存在，由倫敦郡議會接替其角色，而且一直延續至今。郡議會握有的公共建設的權力與之前並沒有什麼實質的區別，在興辦新的公共建設時，必須獲得徵收私人地產的權力，而且其為了公共建設徵收土地的政策表面上還是受1845年土地條款合併法的引導。但實質上，這種授權法已是國會要通過的既定政策，讓郡議會在興辦街道建設時可以享有嚴格遵照土地條款合併法之外的自由。這些政策的改變都是為了讓獲得增值利益可以實施得更順利。要獲得徵收許可，由此來取得大面積剩餘土地是很

容易，無論其目的是要轉賣牟利或安置因為建設開發而流離失所的人。比起1845年法案，現在轉賣過剩的土地是更為自由，公部門可以只取某人的部分土地，而不必像以前一樣必須全部徵收，因為這對地方政府來說很難辦到。[71]

雖然這些因為公共建設而徵收和處置土地的政策有逐漸放寬郡議會的權力，容許由此來獲得增值利益，郡議會卻似乎不覺得那些權力足以避免如前述大都會工程委員會所曾遭遇過的嚴重問題，郡議會幾乎在接受新職務的時候，就已經開始研究討論支付公共建設的各種方法的優缺點。

比方說，倘若郡議會只徵收自有地或永久租賃權的土地，就可以不用花大錢買斷因公共建設開發而受影響的商業利益，如此可以讓現在的租戶留到租約到期，郡議會也不用付給租戶賠償。目前最熱絡的討論，就是到底要不要借用美國的特別受益費制度，由其獨立的來支付公共建設，或者是將其附屬於超額徵收政策。上議院的專責委員會研究這個提議並在1894年提出報告，發現基本上特別受益費或如英國所謂的「福利費」（betterment charges）都是基於衡平原則（equitable principle）而制訂。這個機制有許多容易被濫用的地方，委員會認為應該要加上一些在美國法條中所缺乏的保障規定，以此來保護私人權利。[72]

這份調查的結果加上倫敦郡議會的鼓吹，終於讓國會點頭通過特別受益費制度，目前先作為增值利益措施之外另一個補貼公共建設的方法，郡議會希望藉著這個方法回收一部分的公共建設所創造出來的增值，但如果是超額徵收，市政府可能就會全數喪失可回收的增值。[73]

對於倫敦郡議會後來運用增值利益原則來推動的那些事業計

畫，其所獲得的財務效益並沒有比之前大都會工程委員會推動的計畫好到哪裡去。郡議會似乎抵償了興辦事業總支出的一半又多一點點，但就與大都會工程委員會的建設一樣，關於這些事業計畫的資料實在貧乏到很難做出明確的分析。[74]

有一個倫敦郡議會推動的事業計畫引起廣泛的關注，或許值得好好研究一下。它與諾森伯蘭大道闢建案同樣被超額徵收的擁護者視為成功運作超額徵收機制的突出案例；有別於諾森伯蘭大道案之處，則是它似乎以極高效率就完成，結果也很令人滿意。這個事業計畫就是國王道（Kingsway），連接霍爾本（Holborn）和河岸街（Strand）的寬闊人道，通常被稱為「霍河之路」建設，這個事業案例充分顯現如何在現代的情境下以超額徵收來大規模獲得增值利益。

希望興建這條路的呼聲由來已久，最初的提議要追溯到1836年，尤其1880和1890年代更是三不五時就被提起。[75]這個建設的法案經過一番風風雨雨，最後才通過，由於這是一個有史以來國會同意的最大規模都市改造案，尤其又要極為廣泛的使用增值利益原則。將近四十家強大的公司和有力人士群起請願，反對由倫敦郡議會委員會呈給國會的法案。所有激烈反抗最後終於平息，法案在1899年通過成為正式法律。[76]

此法的幾個規定值得一提。郡議會獲得廣泛授權徵收超過實際街道需要的土地，這些地可以償還事業開發的支出、保護設施，或者重新安置之前被迫遷的居民。超額徵收的土地可在六十年內的任何時間被買賣或租賃，條件是要遵守保護性的限制措施，按照郡議會訂定的規範來使用土地。[77]因應郡議會要求，因建設街道而流離失所的勞動階層必須被適當安置在舊址半徑一英里之內

的範圍，最後會針對周邊的受益土地課徵特別受益費，每年從一半的預估增值的一半課徵3%的費用。在建設興辦之前就先針對即將受益的土地進行估價，在土地增值後再估價一次。倘若所有權人對估價的結果不滿意，可以要求郡議會以最初評估的價格買下土地。

郡議會憑藉著這些權力，啟動龐大的開發計畫，在倫敦的中心開一條新的幹道，長六百英尺，寬一百英尺。約莫六百塊地被徵收、剷平，包括自有地、租賃地和商業利益等個案加起來將近一千五百件。逾六千名勞動階級的住戶被迫遷，及亟待安置。這項開發影響的範圍約二十八英畝，大概有十五英畝是剩餘土地，之後要被出租或作為建地賣出。[78]

這些開發的總支出和淨支出都有詳細估算，總開支是4,862,500英鎊，其中的十二萬英鎊是工程的實際支出和材料費，三十萬英鎊是買地來安置被迫遷的居民，剩下則用來補償徵收土地和地產的費用以及相關賠償。郡議會估計處理掉剩餘土地之後，可以回收4,088,300英鎊。整個開發計畫的淨支出僅為774,200英鎊。[79]

雖然「霍河之路」正式在1905年開放通行，處理剩餘土地從1902年便開始，還是沒辦法很精準地說明整個建設計畫的財務成效究竟會如何。郡議會主要採行兩個政策來處理剩餘土地，部分土地直接賣出，部分則是長期出租。關於這塊地的增值利益，必須以郡議會擁有的土地估價為基礎。通常要花上很多年才能達到收支平衡，制定本計畫實際淨成本的決算表。1908年時，整個開發事業的總成本達到5,136,150英鎊，據估計，因增值而獲得的抵償金額可以讓淨成本降到774,200英鎊。[80]然而，這些估算沒有考

慮到借來建設的錢所衍生的利息，還有從1899年4月1日到1907年3月31日之間的利息費用已經累計到662,691英鎊。[81]有鑑於此，剩餘土地愈是晚點賣出，就會造成設施淨成本顯著增加。

倫敦郡議會處置剩餘土地的經驗，顯示了這種增值利益開發案常見的行政問題。第一個困難就是要把土地脫手，郡議會在1902、1903和1904年舉辦了公開拍賣釋出這些建地，租期九十九年，必須遵守某些使用限制，但最後沒有一場拍賣有把土地租出去。到了1907年，郡議會仍然持有七成的剩餘土地，只從賣地賺回三十萬英鎊。[82]

這些成果似乎不盡如人意，郡議會覺得應該做些什麼來讓土地動得快一點，最後決定修正處置剩餘土地的舊政策，做了三點調整。

首先，郡議會認為付佣金給私人拍賣官、測量員和其他不動產經紀商是合理的，因為他們協助找到買家和租戶。之前公眾普遍認為應該由郡議會的官員來處理土地，但1906年決定應該請求私人利益共同合作，以加快處理的速度，因此訂定了詳細的佣金級距，但因為土地的性質，佣金的價格訂得比較低，[83]因此沒能吸引房地產公司積極投入幫郡議會的土地找尋買家和租戶，於是在1907年提高了佣金價格，最後的價格與私人地產交易可獲得的佣金額差不多。[84]

第二，有些人認為郡議會是否提出了一個出售土地的合理價格。很多民間的估價師或測量員很容易覺得訂定的土地價格太高。然而經過審慎考慮後，郡議會決定那個被認為有疑問的價格，其實是合理的，而且出租的建地所收回的租金也支持這一點。不過，郡議會想要暫時採用新的租金方案來吸引租客，直到某些建

地租出去以及「林蔭道的商業性格充分建構完成」，規定「承租人應該被容許在第一年支付象徵性租金，第二年支付最終租金的25%，第三年付50%，第四年付75%」。這麼做感覺雖然「要花五年才能讓郡議會收到建地的全額租金，卻不會犧牲任何完整的土地利益」[85]。

第三，要修正先前對已上市土地所訂定的未來使用的限制，因為這些限制讓郡議會覺得非常綁手綁腳。這些限制比買賣私人地產的各種要求更礙事，往往讓潛在買家或承租人退卻，不願拿下這些被嚴格條件限制的建築基地。因此郡議會決定要盡量改變這些限制，讓它能適度保障公共建設卻不用忽視自己的利益。[86]

從郡議會的讓步，可以看出要處置徵收而來的剩餘土地是出乎意料困難，但似乎大家都認為那些困難大致上都有被好好處理，從政府的財務面看來，整條「霍河之路」建設建設最後達成的結果也相當令人滿意。

不過，也有人質疑，其它的開發計畫是否能像這個計畫一樣，面臨這麼少的困難與損失。

倫敦郡議會自1889年以來的估價師楊安俊（Andrew Young）認為，倫敦雖然也有些規模類似、以超額徵收來抵償的開發計畫，但數量並不多，原因是「霍河之路」所徵收的一大部分土地本身雖然不太值錢，因為新大街所形成的建地卻是價值連城。[87]

然而，倫敦的公共建設並無意要放棄增值利益政策，1914年法律授權闢建林蔭路（Mall Approach），也授權西敏寺市議會與推動「霍河之路」類似的超額徵收權。

倫敦並不是唯一一個實施超額徵收來獲取增值利益的英國城市，大型的工商業重城也有好幾個案例，效果各有不同。

在曼徹斯特，早期一些超額徵收的開發案最後的財務狀況都不太好。1894年，曼徹斯特的市府參事兼改善工程建設委員會（Improvements and Buildings Committee）主席喬治．克雷（George Clay）向上議院都市改造專責委員會（Select Committee of the House of Lords on Town Improvements）作證時表示，只有唯一一個採用增值利益政策的案例沒有讓市政府虧錢：[88]

> 我認為目前我們手上持有價值約三十萬英鎊的閒置土地……或許可以這麼說，關於增值利益這一事，曼徹斯特自覺有把握時勢之所趨，二十年前就開始買下超過蓋新路需要的土地。1875年，曼城獲得國會授權實施超額徵收。我們的總花費為五十萬，土地累積至今的收入為十一萬三千英鎊，若考慮未售出的土地價值，根據目前的賣地價格，我們仍維持著約莫三十萬英鎊的虧損。[89]

曼徹斯特的地價似乎在徵收大量剩餘土地之後就嚴重下跌，市政府大多數時候根本賣不出地，有時則是賣地的錢根本無法損益兩平，很多地二十、二十五年都賣不出去，這之間市政府還必須支付買地的利息，還收不到任何稅金。

里茲市運用超額徵收的經驗與曼徹斯特截然不同。這點是里茲出身的國會議員約翰．巴朗（John Barran）向前面提到的專責委員會報告時所述。

> 里茲的街道改善所依據的原則是，當運用國會法令時，我們總是儘可能拓寬道路，來取得設施沿線的土地來償還支出。在每

個實施徵收範圍超過街道改善所需時，我應該會說，比起我們只購買拓寬街道所需要的建築，我們付出低很多的成本。有好幾例的成本經由轉賣土地幾乎全部回收。[90]

里茲市徵收的剩餘土地會透過公開拍賣出售。巴朗先生將這些開發計畫賺錢的理由，很大部分歸功於里茲市沒有將這些剩餘土地留在手上太久，而是盡快將其脫手。[91]里茲的買賣條件顯然比曼徹斯特好很多。

這章並非要一一盤點所有世界各地的城市如何運用超額徵收來賺錢或存錢。這邊所提到的案例都很經典，點出超額徵收政策可以在多麼不同的背景條件下、以多麼不同的形式被城市運用，最後產出多麼不同的結果。所呈現的事實不是要支持任何教條或類型化的聲明，像是超額徵收到底算不算成功。成功或失敗關乎很多因素，有些案例如倫敦的諾森伯蘭大道讓我們看到，即使小小的公權力舞弊瀆職都會吃掉市政府應得的增值利益；其他案例如在克里夫蘭市延伸卡內基大道的盡頭，即使假設有百分百的效率與精確的商業判斷，也無法成功。

在為超額徵收作為財務手段的價值下結論之前，以及在與其他其他方案比較何者較能截留公共建設所創造的增值之前，必須要詳加分析實際經驗中各種容易導致成功或失敗的因素。

註釋

1 參見上文，頁8及其後頁。

2 法院與論者一致同意估價必須限定為授予利益的實際獲利。關於此原則的完整

討論及詳盡的裁判先例，見Hamilton的《特別受益稅費》（*The Law of Special Assessments*），頁180-205。許多城市在估價時會計算有獲利的非毗鄰土地。

3 這是一項法律限制，但因為缺少法規，非毗鄰土地也可以被估價。Paige & Jones，《核定稅收》（*Taxation by Assessment*），第619節，引用案例。

4 非毗鄰土地免採鄰街面寬估價法。《庫利論稅制》（*Cooley on Taxation*），頁1223，引用案例。

5 俄亥俄州憲法規定市政當局絕對不得向用作公設的私有地課徵超過徵收成本一半的受益費。第18條第11節。

南卡羅萊納州憲法也有類似的規定，要求市政單位支付一半的公共建設成本，某些案例會付到三分之一。第10條第14、15a、16、17節。

這類限制多半出現在各州法令而非憲法規定當中。

6 1902年法律，第527章。

7 《第四屆全國都市規劃研討會論文選集》（*Proceedings of the Fourth National Conference on City Planning*），1912年，頁63。

8 Nelson P. Lewis，為紐約市估價與分配委員會總工程司，其論文名稱為〈支付都市規劃的費用〉（Paying the Bills for City Planning），《第四屆全國都市規劃研討會論文選集》，1912年，頁76-79。

9 此方案的運作方式和優點參見Frederick Law Olmsted和Lawson Purdy的論文，《第四屆全國都市規劃研討會論文選集》，1912年，頁75-77。Purdy指出，歐洲常見的延緩徵費從來沒有在美國出現。

10 見George E. Kessler論文〈堪薩斯市公園與道路的實際支出分配〉，《第五屆全國都市規劃研討會論文選集》，1913年，頁140-147。

11 關於這些稅的簡單討論，可參Seligman的《租稅文集》（*Essays in Taxation*），頁491、508及其後頁。

12 愛德華七世9年，第44章第58節。

13 紐約憲法修正案，第1條第6節，1911年遭駁回。內文見1911年法律，附件頁4。

紐約憲法，第1條第7節，1913年修正案通過。

紐約法，1914年，第300章。雪城憲章修正案。

威斯康辛州憲法修正案，第9條第3b節。1914年遭駁回。內文見威斯康辛法，1913年，第770章。

麻薩諸塞州法律，1913年，第778章。因特別目的授予州級公路委員會超額徵收權。

紐澤西州法律，1870年，第117章。授予紐華克市超額徵收權。

14 1907年法令，第61號。

15 康乃狄克州法律，1913年，特別法243。

16 參見頁232及其後頁。

17 T. F. A. McClure，致作者函，1916年8月5日。

18 1913年法律，第778章。

19 William D. Sohier，致作者函，1916年8月5日。

20 George F. Ashton，賽倫市市政規劃師，致作者函，1916年8月7日。

21 1914年法律，第300章。

22 Henry C. Allen，致作者函，1916年8月3日。

23 《克里夫蘭市議會會議記錄》（ *Proceedings of City Council of Cleveland*），1914年5月11日，頁349；市議會議長 J. N. Stockwell 致市長 Newton D. Baker。

24 同前，頁350。

25 克里夫蘭市後來沒有繼續推動這個建設。

26 《卡內基大道擴建報告》（ *Report on Proposed Carnegie Avenue Extensions* ），克里夫蘭市，俄亥俄州，製造商估價公司出版，1913年5月。

27 參見上文，頁62及其後頁。

28 《第四屆全國都市規劃研討會論文選集》（ *Proceedings of the Fourth National Conference on City Planning*），1912，頁64-66.

29 參見上文，頁58及其後頁。

30 參見頁236及其後頁。

31 蒙特婁憲章第421條。

32 本資訊由蒙特婁評估委員會主席 J. Hamilton Ferns 提供，從蒙特婁市的官方記錄取得。

33 卡地亞街（Cartier Street）闢建案

徵收土地	130,817 平方英尺
用於街道的土地	55,637 平方英尺
賣掉的剩餘土地	75,180 平方英尺
所有土地總成本	99,626 元
賣剩餘土地的淨收益	112,443 元
獲利	12,817 元

喬治‧艾蒂安‧卡地亞廣場（George Etienne Cartier Square）

徵收土地	164,504 平方英尺
用於街道和廣場的土地	82,426 平方英尺
賣掉的剩餘土地	82,078 平方英尺
所有土地總成本	82,252 元
賣剩餘土地的淨收益	99.032 元
獲利	16,780 元

來源：蒙特婁估價委員會官方資料，由J. Hamilton Fern 提供。

34 致作者函，1916年3月11日。

35 參見上文，頁54。

36 H. R. Meyer引用塞納省行政長官的報告向君王和巴黎市議會提出的聲明。《法蘭西王國官方公報》（*Le Journal Officiel de l'EmpireFranqais*），1868年6月18日、1869年1月13日和11月18日。《巴黎、倫敦及英國市鎮的市級不動產與街道建設的處理》（*Municipal Real Estate Operations in Connection with Street Improvements in Paris, London, and the Provincial Towns of England*），麻州議會文件288號，1904年，頁57-60。

37 Meyer，同上，頁58。

38 同前。

39 Meyer，同上，頁61；引用《法國經濟學人》（*L'EconomisteFranqais*），1876年4月20日。

40 Meyer, 同上，頁63，引用《法國經濟學人》（*L'EconomisteFranqais*），1893年9月9日、1891年7月11日。

41 Robinson, Charles Mulford，《城市規劃》（*City Planning*），頁262。

42 參見上文，頁55及其後頁。1852年的法令曾延伸應用到所有法國城市。

43 Rolland, Louis，《為公共目的徵收土地的新趨勢》（*New Tendencies in the Matter of Expropriation for Public Purpose*）《公法和政治學評論》（*Revue du Droit Public et de la Science Politique en France et a l'Etranger*），卷31，1914年，頁659。

44 麻州議會文件（Mass. House Doc.）1096（1904），強制徵收立法委員會主席 Edmund M. Parker。

45 同前，頁15。

46 維多利亞8年至9年，第18章。

47 第92節。

48 第93節。

49 第94節。

50 第127節。

51 第128節。

52 〈上議院都市改造專責委員會報告：改進篇〉（Report of Select Committee of House of Lords on Town Improvements (Betterment)），《國會文件》（*Parliamentary Papers*），1894年，卷15，提問3652-3654；另見Edwards，《倫敦街道改進史》（*History of London Street Improvements*），頁11。

53 Edwards，同上，頁139。在1906年的〈皇家委員會倫敦交通報告〉（Report of Royal Commission on London Traffic）（《國會文件》，1906年，卷43）裡頭有表格列舉每項設施的總支出以及償還金額。雖然償還佔總支出的比例有個有趣的波動，卻無法從有限的資料中解釋波動的原因，既然這些表格無助於進一步的分析，似乎便不需要在這裡呈現。

54 Edwards，同上，頁17。

55 《強制徵收立法委員會報告》（*Report of Legislative Commission on Eminent Domain*），麻州議會文件（Mass. House Doc.）288號，1904年，頁64-65。

56 《英國議會議事錄》（*Hansard's Parliamentary Debates*），1877年8月10日，頁743。

57 《專責委員會報告》（*Report of Select Committee*），同前註，提問1390。

58 同前註，提問343。

59 同前註，提問345、2087. Edwards，同上，頁17。

60 同前註，提問344-348。

61 Edwards，同上，頁11。

62 Walter Emden證言，《專責委員會報告》（*Report of Select Committee*），同前註，提問2788；其陳述指出本案例的貪汙也出現在Arthur A. Baumann的《改進、破壞與補償》（*Betterment, Worsement and Recoupment*），頁92-100，及他與他人向專責委員會陳述之證言，同上，提問2660-2704等；參見中報告頁166，註釋68。

63 《強制徵收立法委員會報告》（*Report of Legislative Commission on Eminent Domain*），麻州議會文件（Mass. House Doc.）288號，1904年，頁69。

64 參見上文，頁163。

65 《強制徵收立法委員會報告》，同上，頁72。

66 參見上文，頁161。

67 《專責委員會報告》（*Report of Select Committee*），同前註，提問1383。

68 1888年期中報告，《國會文件》，1888年，卷56。

69 〈上議院都市改造專責委員會報告：改進篇〉（Report of Select Committee of House of Lords on Town Improvements (Betterment)），1894年，《國會文件》（*Parliamentary Papers*），1894年，卷15。

70 《專責委員會報告》（*Report of Select Committee*），同前註，頁iii-iv。

71 Hunt, Frank W，〈土地條款整全法近期修正趨勢〉（The Tendency of Recent Modifications of the Lands Clauses Act），收錄於《測量員學會公報》（*Transactions of the Surveyors' Institution*），1912年，卷44，頁117及其後頁。

72 《專責委員會報告》（*Report of Select Committee*），同前註，頁iii iv.

73 Seligman教授解釋了為何英國和美國對特別受益費的看法如此不同。「對美國人來說理所當然的事情，在英國卻充滿爭議。在美國，會向土地所有人徵收與不動產有關的地方稅；英國稱之為「地方捐」（local rates），則是向土地使用人收取。在美國，所有的土地都要繳交地方稅；在英國，則只有具生產力或能產生租金收益的地要繳交。因此美國要在現行稅制對土地所有權人加上新的費用相對容易；在英國就難了，因為這麼做不只是調整收費的原則，還調整了估價的作法，如此一來，所有權人變成是直接有關的對象，而非使用者。因此這項被美國認為與既得利益相輔相成的提議，在英國則是被反對者視為嚴重侵犯私人財產權。《租稅文集》（*Essays in Taxation*），頁434。

74 每種設施總支出的圖表、預估及實際補償的數字參見〈皇家委員會倫敦交通報告〉（Report of Royal Commission on London Traffic），1906年，《國會文件》，1906年，卷43，頁110-113。本彙編由倫敦貿易委員會交通部更新，《國會文件》，1908年，卷93；同前1912-13，卷39，附錄F-I；同前，1914年，卷41，附錄F-G。

75 Edwards，《倫敦街道改進史》（*History of London Street Improvements*），頁252。

76 倫敦郡議會（改進）法，1899年，維多利亞62年至63年，第266章；倫敦郡議會特別報告，題為《國王道和奧德維奇之開闢》（*The Opening of Kingsway and Aldwych*），1905年出版，完整記錄本法的立法歷程以及改進的歷史回顧。本報告由倫敦郡議會職員G. L. Gomme撰寫。

77 參見上文，頁104及其後頁。

78 《國王道和奧德維奇之開闢》（*The Opening of Kingsway and Aldwych*），同上，頁

39。

79 倫敦數據，1899-1900，卷10，頁226-7。

80 同前，卷119。

81 《倫敦貿易委員會交通部報告》（*Report of London Traffic Branch of the Board of Trade*），1908年，《國會文件》（*Parliamentary Papers*），1908年，卷93，頁9。

82 《倫敦郡議會訴訟年度報告》（*Annual Report of Proceedings of London County Council*），1908年3月31日止，頁164。

83 《倫敦郡議會訴訟年度報告》，1907年3月31日止，頁152。

84 《倫敦郡議會訴訟年度報告》，1908年3月31日止，頁164。

85 同前，頁164。

86 同前，頁164-165。

87 《皇家委員會倫敦交通報告》（*Report of Royal Commission on London Traffic 1906*），《國會文件》，1906年，卷43，提問7233-7234。

88 Alderman George Clay，《專責委員會報告》（*Report of Select Committee*），同前註，提問783-795，頁55。

89 同前，提問786。

90 《專責委員會報告》（*Report of Select Committee*），同前註，提問3561，頁278。

91 同前註，提問3592及其後頁。

第五章

超額徵收的財政利得與風險

　　當城市運用超額徵收來控制殘餘地，或者保障林蔭大道及公園的外觀及效用，主要動機並不是為了賺錢，不過即使當初徵收土地時是為了完全不同的目的，多多少少總是希望從轉售這些土地賺點好處。事業計畫的財務面仍然很被看重，假如處置剩餘土地無法賺進獲利，感覺至少應該要能打平市政府付出的成本。從另一方面來說，當超額徵收的主要目的是為了賺錢，其財務效果就是唯一要緊的事，採取這個作法，市政府的金錢損失並不會因為公共設施被維護得實用、美觀因而吸引人或便利，因此就可以回收損失。簡單說，所有超額徵收的開發計畫，不管其實施目的為何，財務結果都是不可忽視的重點。

　　前面的章節已經簡單提過各城市基於各種理由推動超額徵收的先驅案例，也都有提到每個案例的財務結果。關於超額徵收的獲利能力，或許最精確的結論應該是有時候賺得到錢，有時則否。

　　本章將要探討為何超額徵收時而獲利、時而賠錢，來解釋經濟獲益或產生風險的因素，這樣或許會獲得更明確的結論，知道超額徵收在什麼時機、什麼條件下可以成為有效的財務手段。雖

然偶有與前面章節重複的資訊，但相信會讓相關討論更明確具體。

超額徵收案例賺錢的方法，當然是將所徵收超過城市實際需要的土地給轉賣或租出去。

在這邊不需要細究市政府為什麼可以憑此獲利，接下來會根據以下假設繼續進行探討：第一，市政府以近似實價的合理價格徵收剩餘土地；第二，興辦公共建設必然會增加所徵收之剩餘土地的價值；第三，市政府會比照增值後的價格轉賣或租賃該土地。

假如任一個事業計畫不能符合上述假設，就有可能讓市政府嚴重虧損而非賺錢，市政府運用超額徵收成功與否，很大部分仰賴控制上述三項因素的能力。假如市政府有權力讓上述假設成為常態，是不是就能掌控興辦公共建設的相關條件，以實價徵收剩餘土地，藉由興建設施讓地價升值，最後處置土地時也能截留增值？

首先，相信市政府會以合理價格徵收土地的原因為何？當然，會這樣想主要是因為市政府擁有一般買家沒有的權力，藉由強制徵收權，即使所有權人反對，公部門仍能拿走土地，所支付的購地價錢通常都是由審議團、委員會或其他公正的審理委員會決定，理論上應該要能代表土地的實際價值。理論上，至少市政府也沒理由不以地產的合理市場價格來徵收這些土地。

後面會再討論市政府到底有沒有順利以合理價格徵收土地，這裡只需要知道，一旦民情反對因為徵收的主體是公部門，就必須付出高於市場價格的金錢給被徵收的所有權人，那麼美國各城市很快就會放心地實施超額徵收權。哪裡有這類民情存在，就代表有更多的聲音反對這樣高價金的補償政策。當市政府能夠以合

理價格徵收土地，大量徵收土地的風險就降到最低。市政府若希望採取超額徵收但不想承擔財務損失的風險的話，應該要鼓勵市民相信支付給某人超過他的土地市價的錢對市政府來說不是筆好生意，對任何生意人都一樣。

的確，市政當局到底應該為強制徵收來的地支付多少錢才合理，是高度受到公眾意見左右的。很多地方已經採取或提出新方法，避免讓市庫屢屢因為土地徵收而被洗劫。

在英國，市政府有權視情況在公共工程計畫宣布之後，拒絕補償私人地產上任何的新設施，假如所有權人很了解這類公共工程必須發動徵收且他可以得到補償，就故意在土地上蓋新設施以獲取補償金。授權「霍河之路」的法令清楚地規定倫敦郡議會「關於1898年6月21日以後的設施、變更或建築，或者產生的土地利息，假如法院認為這類設施等……是依據此法，為了獲得更多補償而建」[1]，則不需要付任何補償。這會讓市政府免於某種常見的負擔，後面會再談到。市政府不會因為所有權人被徵收土地而支付不公平、不合理的補償。那些自己蓋設施，之後再讓市政府摧毀設施與付補償金的所有權人終究會枉費心機。不過稍後才會提到，[2]美國各州憲法似乎並不容許市政當局施用這個權力。

市政府應該進一步留意，在強制徵收土地用於公共建設時，付出的錢不包括要補償公共建設產生的土地增值。換句話說，市政府只需要支付它取走的，理論上，某人沒辦法損失他本來沒有過的東西，市政府不會為所有權人沒被徵收的地再另外支付給他等值的土地費用。市政府此刻採取的堅定立場，能夠幫助抵擋某些強烈輿論，如市政府應該起碼付一部分城市的公共建設產生的增值給所有權人。

某位聲名顯赫的英國城鎮規劃專家提了一個建議，若採用這個建議，或許有助於決定應該要為強制徵收的土地付多少價格才算公平合理。[3] 此提議就是付給所有權人他為土地設定的租稅目的的價格，假如他估得過高，稅也會變高；假如估得太低，那麼市政府徵收土地時的補償也會過低。自利動機會讓他找到一個合理的價格。不過在美國，所有權人不需要為他們的土地稅額估價，還有一個嚴肅的問題是，那套特殊又不成熟、在美國卻很流行的估價體系，其評估到底適不適合作為強制徵收的補償指引？城市裡擁有大面積土地的所有權人會很安全，因為他們認為自己的地絕不會被城市徵收；相對地，多年受到公共建設擾動的地方，受影響的所有權人就有時間去爭取土地增值的利益。這個作法能不能皆大歡喜，還是未定數。

　　因此，顯然城市對於應該付多少錢來徵收土地並非全無頭緒。那個價格是否公正合理，端賴市政府控制補償過程的活力與判斷力，就如同前面的分析說的，大都是與擁有土地的市民對市政府配合的程度有關。假如民情對保護公庫不感興趣，公庫就不太可能被保護得好。但無論如何，對當地情況的接觸和了解會警醒政府官員，在啟動大規模的超額徵收之前，決定徵收土地的價格是否真的要訂得那麼高，以至於大大貶損預期的增值利益。

　　第二，如前所提，超額徵收的財務能力，仰賴城市徵收的剩餘土地所產生的實際增值。市政府必須假設土地增值必然會伴隨計畫中的公共建設而來，否則就根本沒有藉口為了增值利益徵收超過實際需要的土地。

　　興辦重要公共建設如街道、公園或橋梁時，會帶動周邊土地的價值，這點幾乎已經無庸贅述。特別受益費的整體系統運作，

是假設接鄰公共建設的土地會因此顯著受益。事實上，假如有人可以證明他的土地沒有獲利，法院就可以准許他免支付受益費。[4] 美國幾乎每個城市都有課徵特別受益費，部分原因是為了支付將近全部的街道改善工程的支出費用，由此便證明了公共建設確實可以提升周圍土地的價值。

假如還需要更多的證據，可以參考城市稅評估名單的土地連續估價結果，顯示當昂貴的公共建設發生時，周圍的地價確實會因為稅的目的而上漲。其實，周邊地產價值上升在接下來幾年會為公庫帶進更多的稅，足夠支付公共建設的支出，有時甚至是成本的好幾倍。紐約市估價與分配委員會（Board of Estimate and Apportionment）的總工程司尼爾森·路易斯（Nelson P. Lewis）曾經說過：「中央公園規劃後十六年，紐約市其他區域的土地價格的平均漲幅大約是百分之百，而在新公園周邊的三個區，漲幅則大概是百分之八百。」[5]

不過公共建設周圍的土地升值也不是絕對必然，城市必須帶著遠見和謹慎的態度，考慮是否要採取超額徵收。城市遲早會發現即使某個公共建設本身就屬巨大公共利益，不動產的預期增值卻不一定會伴隨著該公共建設出現。因此城市必須考慮該計畫徵收超額土地的條件是不是真的會可觀地提升附近的土地價值。

採取這種作法，不見得總能夠事先說明公共建設的效果如何。每個超額徵收計畫多多少少都是投機之舉，其結果並非市政府的權力可以規範管控的。然而在某些情況下，公共建設的確可以相當程度地增加接鄰土地的價值。因為知道這些情況存在，市政府便可以開放實施超額徵收原則，並以最小風險獲取剩餘土地的增值。

舉例來說，當城市某個原本已經很擁擠的區域新出現了條件優良的建築基地，該區域就比之前更值錢了。這很可能發生在卡內基大道擴建後的區域，如前所述，在克里夫蘭商業區附近。[6] 闢建這條街會產生新的臨街面和街角地盤，在此區域的房地產市場可說是炙手可熱，顯然鄰近新街道的土地——也就是建議市政府徵收的土地——在建設完成後，價值會翻好幾倍。因為「霍河之路」的擴建、蒙特婁街道的延伸、及其他許多公共建設，也都屬類似情況。舉例來說，闢建公園或林蔭大道會刺激對周圍土地的需求，因為人們想要在優質地段蓋住宅。假如城市要蓋一座橋、碼頭、港口或其他的交通轉運設施，土地就會立刻因為各種工商目的而變得奇貨可居。這些案例裡的城市自然都會把公共建設落腳在人群喜歡聚集的地方，應該是很肯定預計徵收的土地鄰近這類公共建設，其價格必定會三級跳。

　　此外，某些情況下幾乎任何公共建設都可以帶動周圍的地價，當房地產市場活絡、社區不斷地成長時，就會帶動當地的榮景時期。環境好、地段好的建地往往供不應求，公共建設創造了成長中的不動產市場所需要的建地，土地價格也跟著水漲船高。當房地產一片欣欣向榮，就不太可能發生市政府為了公共建設而超額徵收的土地，最後卻並沒有得到滿意的增值。

　　但前面說的這些因為公共建設導致周邊地價上升並不是唯一的情境，土地有時漲價，而當不被期待或被嚴重懷疑時則會跌價。但當市政府啟動了超額徵收，發現土地增值的期望落空會造成財務虧損，就不會甘願冒著不確定的風險。不過，要準確判斷前述任一或全部條件存在與否，還是有可能的。假如存在，市政府就可以很有把握公共建設會增加土地價值，如此便相當確定可以透

過轉賣所徵收的多餘土地來獲利。

　　假如市政府成功以合理價格超額徵收某塊地，這塊地因為公共建設而具體增值，市政府還是得賣掉那塊地，那麼就要以能夠反映升值後的價格來買賣。

　　再一次強調，市政府不見得總是能夠清楚預料到某個計畫的結果。市政府可以透過強制徵收權迫使某人以合理價格賣掉他的土地，但沒有權力強迫某人購買。啟動超額徵收計畫的時候，市政當局多多少少總會有心理準備，因為可能找不到願意以實價購買超額土地的買家。

　　不過當城市興辦公共建設時，因徵收而取得的剩餘土地，其價值也會跟著一起提升，表示對土地的潛在需求應該是更高的。假如有適當地將市政府要拋售土地的消息公告周知的話，通常這類潛在需求都會成為實際需要。

　　透過公開拍賣或競標這些土地，市政府可以立刻察覺市場的狀態，假如某塊地的出價不如市政府花在它身上的多，或許可以推敲一二，要不是整體條件不利於買賣，就是市政府高估了土地的價值。不然，一般順利的情況下，市政府理當期待找到願意為剩餘土地支付合理市場價格的買家。假如市政府願意以合理價格徵收土地，以其本身的事業計畫創造土地的增值，一般就不需要太擔心增值後找不到買家的風險。

　　藉由探討這些讓超額徵收計畫獲致財務成功的因素，看起來這整套機制似乎很單純，能夠有效操作。就如同市政府管理城市的其他事務一般，只要是透過妥適的管理就可以獲致滿意的商業效率，這樣的情況也被用來類比於市政府所啟動的超額徵收，認為它也會產出最理想的成果。但一切沒有那麼簡單。有個研究審

視運用這個政策的案例後，指出它的實際運作所伴隨的風險其實不少也不小。可以說幾乎所有超額徵收的計畫在執行之後，城市遲早都會遇到始料未及的難題，因而或多或少影響了計畫的財務成果。研究超額徵收的財務面，必得考慮這些難題，而且接受財務成功的不確定性、事業的昂貴支出和賠錢的風險，才算是完整。

首先，實施超額徵收牽涉到高度的財務風險，因為它幾乎必定免不了一大筆支出或貸款，這是無庸置疑的；為了超額徵收土地，必須支付金錢，而且是立即支付。即使是最理想的情況下，市政府在賣剩餘土地時最大筆的收益還是必須繳回公庫來補貼支出。每個超額徵收計畫，都需要市政府投入鉅額的初期資金。

通常光是考量一個投資案的規模大小，並不必然會增加虧損的風險或獲利的機會。市政府花在徵收土地的錢越多，該事業是否賺錢回本就越重要。因此，當市政府啟動一個經費上百萬的計畫，每個風險、漏洞和鬆散的行政管理都會帶來非比尋常的危險。

比起徵收超額土地的價格更加重要的是該價格與轉售土地的報酬之間的關係。因此，任何可能增加市政府初期開支，卻無法以增值來補回公庫的影響因素，對市政府來說都是不可忽視的風險。有幾種情況下，市政府投入超額徵收計畫的資金或貸款會增加，卻沒有相對應的增值獲利。

舉例來說，市政單位可能會在城市某個地價已經高到不行的區域徵收多餘的土地，像是在人口稠密區進行街道拓寬。街道需要拓寬，表示土地使用密集。城市往往得為這類事業計畫所徵收的剩餘土地，付出付出擁擠費（congestion prices）。土地價值可能已經高到幾乎超過這類公共建設升值的限度。如此，拓寬下曼哈頓許多狹小的中心商業街道，究竟會不會再進一步提升原本就

已經非常驚人的周圍地價，是非常值得懷疑的。試圖以超額徵收補貼這類公共建設時，市政府往往會投入最大的資金或貸款經費，但獲取增值利益的機會卻是最小。鑽研此課題的部分研究者因此認為，當城市在已開發或壅塞區域興辦鉅額的公共建設時，並不適合運用超額徵收作為財務手段。

第二個容易增加徵收超額土地的成本，卻無法在市政府賣地時回收相應價格的因素，是一個幾乎普世皆然的作法——也就是為強制徵收的土地支付的錢高於合理價格。雖然前面提過，要減輕這類弊端關乎市政府握有的權力程度，唯一有效的補救辦法就是教育及培養公眾輿論。理論上，根據法律，城市為所徵收的土地付出公平合理價錢；事實上，市政府支付的錢還遠超過公平合理價格。負責安排超額徵收計畫的人很明白事業的預期獲益總有不確定性，因為其所估計的利潤很可能會被徵收審議團或仲裁人的高額酬金給吞掉。

幾乎社會各界都支持市政府應該要寬鬆的給付徵收費用給土地被徵收的市民，沒有任何一位涉及直接金錢利益的人出來掛保證說市政府付出了太多的錢。英國的慣例演化成，私人土地若被徵收用作公共目的，除了土地審議團所決定的高額補償金之外，將把事業計畫的增值利益付給所有權人，通常這筆錢都高過土地在開放市場上的價格，而且還要再外加10％的金額。這筆津貼的原意是對所有權人被迫放棄土地的補償，但從來沒有法律明文規定要這樣補償。這樣的補償，大大減少了公部門出售剩餘土地的獲益。[7]梅爾的報告曾經提到超額徵收在巴黎的執行情況，[8]表示由審議團所決定的增額補償是政府無法回收成本的主因。他一一舉例市政府本來精打細算的預期獲利被過高的土地徵收價格抵銷

掉了，像是巴黎市啟動巴黎證券交易所（Bourse de Commerce）的建造工程，原本認為土地徵收的補償費用為五百萬，但後來要支付的費用實際上達到八百萬。[9]一再複製這類案例的作法來過度支付強制徵收土地的費用是沒有用的，只有少數歐洲或美國的城市因為各自的情況而沒有這麼做。只要市政府允許讓自己為超額收來的私人土地付出高於公平合理價格，他們的增值利益帶來的財務成果就會遭到損害。

公部門經常為強制徵收的土地付出過高價格的這個情形，或許可以解釋第三種耗盡超額徵收成本又血本無歸的情況，也就是創造公共建設或土地利益的唯一目的只是希望讓市政府來徵收它們。巴黎市在賠償土地被徵收的租戶和所有權人時，根據市議會成員的說法，經常發現：「當知道市政府要為公共使用來徵收土地時，所有權人和租戶往往就會共謀來從中詐取利益。在正式宣布要徵收土地的前夕，租約期間被訂得特別長，而且租金也比時價多出100％、150％，甚至200％。」[10]此外，在公部門宣布徵收某些建物或設施時，時常可見地上跟著蓋起廉價的建築或設施。[11]麻州伍斯特的工程師就談到市政府啟動的超額徵收，[12]他說，我們發現就像貝爾蒙特街一樣，每當謠傳城市打算拓寬街道，預定徵收區域的建築就立刻蓋了起來，大都是為了損害的補償金。[13]

前面有提過，在英國和加拿大有方法可以糾正這些弊端。倫敦和蒙特婁都被授權可以不支付這類改善事業、建設、或土地利益受損的補償金，因為它們有可能就是為了得到補償金而興建的。[14]但是，美國城市能不能拒絕支付類似的補償是令人存疑的。美國的強制徵收法律對保障所有權人免受損失很是謹慎，即使憲

法不容許在沒有公平合理的補償的情況下，為了公共目的徵收私人財產，但這很難被解釋成市政府可免為其徵收而導致損失的私人財產支付賠償，即使這些財產是被刻意創造出來讓市政府徵收的。美國的市政單位或許可以改善整體的徵收程序，將公告公共建設計畫和實際徵收土地之間的時間差距縮到最短，如此所有權人便不可能在那段期間完成造價昂貴的改建。除非可以做到這點，不然美國的城市就必須支付高額賠償給僅是為了被毀壞而創造出來獲得補償的財產，這種可能性亦該視為其中一個超額徵收的財務風險。[15]

英國和法國的城市發現實施超額徵收後，淨成本增加、或是淨利減少，主因是美國城市所沒有的一種昂貴費用，也就是對所有權人或租戶的商業利益或信譽受到損害的補償金。換句話說，市政府不只付給所有權人一筆合理的費用以徵收他的土地，而且這個費用還非常的高；除此之外，市政府還得付給這個人另一筆錢，因為他原本在這裡做生意，市政府假設他因為被迫搬家而遭受損失，假如他只是租客，就是他的租賃權受損，這筆錢算是賠償。

英國城市針對這些所謂的交易補償（trade compensations）的支付經驗，首先指出這些金額通常極為鉅大，其次是決定賠償金額的審議團總是傾向將金額訂得遠高於索賠者所應得。實際上，普遍的作法是支付商譽的全額損失，即使商譽其實只是受到一點點影響。[16]1894年上議院都市改造專責委員會幾乎一致通過，倫敦、曼徹斯特和利物浦當時進行中的各種增值利益計畫都未能如預期獲利，原因就是支付商譽損失的成本太高。[17]人們也認為諾森伯蘭大道和「霍河之路」比起其他案例更賺錢，因為這兩個建

設都不需要支付昂貴的商業損失。[18]專責委員會對增值利益所下的結論，就如前所述，[19]認為增值利益似乎從來沒有試著「應用在適切的條件下，好證明它可以成功，畢竟沒有足夠的權限可以讓地方政府獲得這些興辦建設卻又不需要買斷所有商業損失，因此無法避免浪費與昂貴的花費」[20]。1906年，倫敦郡議會的估價師楊安俊表示「倫敦要推動街道改善，唯一最經濟的方法就是興辦的新街道不需要去取得一大塊原本作為商業用途的昂貴土地。」[21]

顯然當城市支付這些商業損失時，也同時買下了某些無法轉售的東西。它並非是支付所得價值，而是支付受損價值。為交易補償付出鉅款的必要性一直都是官方面對增值利益計畫時關注的重點。塞納省提出要外包超額徵收權的其中一個論點，若以前述的一兩個法國的開發計畫為例，[22]便是由私人包商同意讓失去土地的所有權人回到原處附近，可以避免支付令其商譽受損的昂貴賠償。[23]英國則提出了兩種減少這種鉅額開銷的方案，一是僅強制徵收土地本身的費用或租賃權益，容許使用者短期租賃或繼續使用直到租約到期。這會有點幫助，但只會省下部分商業補償的費用，卻無法適用於所有的土地使用者，而且會迫使市政府必須延後建設工程，直到所有的短期租約到期。雖然有幾個地方採用這種作法，但它卻從來沒有成為慣例。[24]另一個更近期壓低商業補償的作法，是與商業利益最高的人訂定協議，讓他們在原有土地附近選土地重起爐灶。比方林蔭路的建設案，一位私人所有權人就有重新選地的權利，他在土地被市政府徵收成為剩餘土地後，仍可以選擇回到原址，只要那塊地沒有被拿去滿足公共目的需求。為了回到原址，所有權人放棄了商業受損的補償金，在期

限前行使此權利，連同毗鄰地與部分之前自己的土地一起買回。之後因時勢所趨，必須迫使他離開此地時，市政府就必須再一次與他協商，將他安置到附近的配餘地。如此一來，就不用賠償商業損失，幫納稅人省一大筆錢。上述安置措施其實是之前被迫遷的所有權人辛苦爭取來的。專責委員會最後終究還是同意郡議會的作法。[25]

地方政府在近期的公共建設所持有的權力，不只有轉賣或出租超額徵收的土地，還可以交換這些地，至少可以創造一些機會減少負擔沉重的商業損失賠償。

超額徵收的財務成效減損，不僅因為那些作法導致徵收超額土地的成本不成比例地提高，還有沉重的固定費用。這些支出著實消耗了徵收土地的預期獲利，也造成市政府非常多的淨損失。

超額徵收連帶的固定費用當然就是利息。市政府幾乎都會透過發行債券來啟動公共建設，有很多案例的借款利息也成為支出的瑣碎項目。當利率很低，市政府又很快把剩餘土地賣掉，可以立刻償還貸款，或者投資基金，以支付利息；但當利率很高，或市政府因為任何原因認為有需要保有剩餘土地一段時間，每年償還的貸款就會沉重地一點一滴耗盡市政府賣土地時希望賺取的利益。

這一點應該不需要再舉例了。前面講過「霍河之路」的資金利息費用非常高，倫敦貿易委員會交通部門在1908年公告此建設的淨支出為774,200英鎊，倫敦郡議會「沒有考慮到處理剩餘土地時產生的延遲問題，也沒有準備經費來支付利息。從1899年4月到1907年3月31日的利息淨支出總共是662,691英鎊」[26]。曼徹斯特市在增值利益計畫的損失已經很令人洩氣，更甚的是，還要

付上好一段時間土地投資的沉重利息。曼徹斯特的市府參事，也擔任過公共工程建設委員會主席十年的喬治・克雷，在談到這些計畫如此表示：「沒有什麼比土地更能把人逼到無路可退，尤其如果你把它們留在手上很久的話。」他估計付出的利息已經達到市政府因為持有徵收的超額土地而損失的雙倍之多。[27]

　　第三個市政府因實施超額徵收而面臨的損失是土地稅。與利息費用一類，這類損失不算嚴重，除非土地價格高，又延長免稅期間。假如市政府夠積極，或許可以從所徵收超過實際需要的土地裡得到一些好處。除非城市很確定要把土地持有好幾年，畢竟它不太可能短時間的利用獲得什麼利益。因此，損失土地稅在大多數的情況下都被算到其他固定費用去，當作是不斷累積的淨損失。

　　剛剛討論過這些伴隨超額徵收而來的財務風險，是基於興辦事業總成本增加而造成的，至少應該多多少少要能被事先預知和提供經費。假如細究之後，發現它們會造成負擔，市政府還有時間拒絕啟動這樣的投機事業。由於這些風險很難精確估量，而且波動性大，故必須被視為風險，根據經驗，風險的程度還不小。但是它們不該被歸類為高度投機的風險，畢竟它們產生的情境大都不在發動計畫的公部門可控制的範圍之內。

　　然而，第四種徵收多餘土地附帶的財務風險，就有高度的投機性質。這些風險都跟市政府可能處理不了徵收來的剩餘土地有關，因而不能回收花在取得與改善土地的費用。剩餘土地的預期升值或許根本不會發生，或者要花很久時間才會發現在市政府獲得增值利益之前，利息費用和稅的損失早已把任何可能的淨收益都抹除了。有很多原因導致土地升值的期待延後發生，甚至完全

是一場空。

　　第一，不動產的價格可能面臨整體性的長期蕭條。一般來說，土地升值仰賴景氣的刺激，要不然就是人口成長到需要找新建地或舊地再利用。這類刺激不一定會發生，而且城市或城市的某個區域可能只是停滯，無法迅速穩定發展。由都市改造專責委員會所獲得的證詞顯示曼徹斯特出現了停滯情況，因此約莫三十五、四十年前由曼徹斯特市政府所進行的增值利益投資後來慘賠。[28] 當時公部門徵收了好幾區的超額土地，但土地價值非但沒有升，事實上還跌了。過了近二十年，市政當局發現手上持有的土地價值比當初買地的時候還低，而且即使價格已經掉那麼低，卻似乎還是沒有市場，對整體社區很重要的公共建設似乎根本無力抵擋周邊地產的價值縮水。見證者描述說一開始啟動相關建設計畫時，根本沒預料到土地市場會變得這麼不景氣。說這些狀況只是特例，不可能發生在一般美國城市。當然是如同出一隻嘴那樣簡單，不過這麼說也許沒錯。但西部一些快速發展的城市，其不動產市場的崩毀還歷歷在目。現在的新英格蘭區域，其城鎮當今的人口規模和繁榮程度還不及獨立戰爭時期。幾個成長最快的城市，其商業中心轉移的速度令人吃驚，留下價值比十年前還低的土地。[29] 市政府不是不可能因為超額徵收計畫遭受非預期損失，畢竟整體景氣動向要嘛不利升值，要嘛就是導致手上的剩餘土地價值萎縮。

　　雖然有些案例的土地價格似乎長年停滯或蕭條，也有其他案例的情況只是暫時性的——也就是第二種土地沒有如期升值的情況——這些案例遭受的損失主要來自利息費用和短少稅收的時程延長，這一點是市政府沒有預料到的。有很多案例是城市得等上

很長一段時間，才能從徵收的土地獲得買賣利益，比利時的城市似乎就是如此。「布魯塞爾的政府官員表示，所有具規模的公共建設，無論是興建新幹道或重建城市的某個區域，民眾要適應新環境至少都要花八年以上的時間，市政府和所有權人才會從這個改變裡獲得預期的利益。官員們把這個情況歸因於人民太遲鈍，像是法蘭德斯人的性情過於懶散之類；不過，倫敦和巴黎的經驗也呈現相同的結果，因此應該可以說是這類情況的基本通則。」[30]蒙特婁市快速賣掉超額徵收的土地，引人矚目地成功獲利。[31]1913年，聖約瑟大道開闢計畫啟動，以兩百五十萬美金徵收土地，總面積794,000平方英尺的土地中，有556,000平方英尺的地要被賣掉換取增值利益。估價委員會主席表示：「由於不動產市場受到歐陸戰爭影響，比較明智的作法是在市場恢復正常之前，先不要賣出殘餘地……如此一來，才不會讓利息和稅的損失嚴重損害預期利益。」他又補充，「不過，這應該算是偶發情況，是非常時期造成的結果。」[32]大抵而言，任何導致市政府必須延後賣掉徵收的超額土地來獲利的政策或條件，都會對整個計畫的財務構成嚴重威脅。

還有另一個原因導致超額徵收的土地難以升值，或遲遲才升，以致於造成重大損失。像是可能蓋了一個昂貴的公共建設，雖然整體上對社區很重要，但卻沒有辦法顯著提升毗鄰土地的價值。這類公共建設最顯而易見的案例就是直達型的交通要道，或許會穿過住宅區，方便將兩個商業區串接起來。因為這些公共建設實際受惠的人並非毗鄰幹道的所有權人，而是幹道兩端的所有權人，路的開通讓兩端的商業可以發展順利。大概六十年前曼徹斯特市[33]新建的橋就是這麼一個例子：跨越埃瑞克河（River Irk）

的橋讓曼徹斯特的重要郊區地段可以直接快速通到市中心、金融交易所和火車站。　通往橋的新路所切過的地產頗為老舊，雖然新公路的運量很大，興辦該公共建設卻沒有對周邊的土地價值產生什麼顯著的影響，四十年來情況都差不多，橋建成之後，周圍一棟新建築也沒有。前面也提過克里夫蘭的卡內基大道[34]闢建案，在其中一邊的端點開放了之後，也完全遭遇同樣的結果。當時估計，實施超額徵收在東八十九街與東一百街之間開一條街道，最後會造成克里夫蘭市政府的淨虧損。公共建設本身意義重大，讓邊緣地帶得以接上克里夫蘭市中心，也紓解其他重要幹道的交通壅塞，但卻沒能帶動所經過的宜人住宅區的土地價值顯著提升。這裡不是受惠的區域，用這種方法期待讓毗鄰土地升值，恐怕還不足以避免市政府實施超額徵收[35]而遭受的損失。顯然超額徵收的倡議者的基本假設是這樣的：在一般順利的情況下，每個公共建設會馬上帶動毗鄰土地大漲，因而忽略了計畫的財務要成功最該考慮的一件事。

值得注意的是，官方加諸於剩餘土地的限制特質，很容易在賣地時減損其市場價值。一般來說，限制性財產都特別受青睞，但當市政府對其加諸極為繁複的限制，或者不讓未來的持有者以最能獲利的方式使用土地，這些限制便會減損土地的價值，而且可能導致超額徵收計畫失敗。英國的城市經常陷入這種困境，因為有規定勞動階級若因公共建設而被迫遷，就必須在原址附近重新安置。這代表市政府手上的剩餘土地有一定比例必須直接用來安置工人，或者依照必須興建工人住宅的條件把地賣出去。倫敦郡議會的估價師楊安俊宣稱「準備賣出的建地都被規定必須蓋工人階級住宅，最後議定的土地價格只是土地做為商業區價值的一

部分而已。」[36]他引用「霍河之路」案例作為例證，郡議會受國會法令的要求要重新將工人安置在舊址一英里的範圍之內，為了要提供住處給2,640個這樣的人，以市場價格將139,400平方英尺的地買下，總價是二十萬英鎊。楊安俊證實「根據規定的興建工人階級住宅，最高的土地價格在我看來應該是44,000英鎊，這筆交易將會產生一筆156,000英鎊的債務。[37]市區建築的主建築師在談到類似的情況時，提出假如郡議會可以被授權將受迫遷的人安置在一英里之外的適合區域，安置的花費就可以降到土地取得費用的八分之五，租金也低得多。[38]美國的城市則沒有這些規範，也無意要對超收的土地施加什麼未來使用的限制，不過，其他類型的限制有時候也會造成一樣的問題。倫敦郡議會已經針對「霍河之路」的臨街面土地規定建築的種類與風格，限制多如牛毛，除非能夠修改那些規定，否則根本找不到買家或承租人。[39]簡言之，某塊地的買家被規定以特定目的或者較無利潤的方式來使用土地，必然會減損土地的市場價值，也可能會趕走所有買家。市政府若希望能夠賣出附加了建築規範和限制的超額土地，就必須精算這些限制對土地的市場價值所造成的影響。

或許討論哪些風險會危及超額徵收的財務效果，就不能忽略管理不善或是無效率的行政運作體系所造成的問題。

現在並非要說政治貪腐和不誠實是執行公共建設的必然風險；必然風險是一些其他的危險所構成的。它們是伴隨超額徵收而來的風險，就像銀行業必須面對出納員侵吞公款的風險一樣。這些風險可能很少發生，但是一旦發生，都可能造成災難性的後果。必須要知道，超額徵收計畫的行政管理，有太多可以讓公職人員貪腐的機會。倫敦的大都會工程委員會的所作所為，已經幾

乎成為公開的醜聞而讓人沮喪，而且在1888年由受委派的皇家委員會來調查其運作。調查的結果顯示市政府在實施超額徵收計畫時，可能會被不誠實且幹練的公職人員詐欺。[40]

不過，從長遠看，要讓計畫能順利獲得增值利益，效率不彰帶來的威脅很可能遠勝於不誠實，這點必須要加入政策連帶的財務風險清單之中。假如負責實施超額徵收計畫的人員缺乏遠見和一般業務能力，前面提過的各種威脅就會嚴重加劇。此處不需要一一列舉各種市政府可能因為這類計畫的紕漏或管理失當而面臨虧損的情況，但大抵而言，沒有任何城市——無論它的治理效率再怎麼好——可以完全免於虧損的風險。

管理不善所帶來的威脅，在美國恐怕比大部分的歐洲城市更嚴重。多數美國的市政當局選出的公務員不比歐洲城市的公務員優秀，通常黨派考量遠勝於他們實際要處理行政問題的能力，而且往往在他們的經驗與職務掌握度開始成熟的時候，就差不多該離開職務了。再者，歐洲和加拿大的城市在推動超額徵收或其他計畫時，還是得受到中央行政機關的制衡。不管贊不贊成對市政府的自由行動加諸限制，按道理說，或可相信由兩個不同單位的公部門來予以檢核，比起單一公部門，比較不容易通過一個差勁的計畫。因此，由中央當局協助檢核，能夠有效減少市政府草率地啟動超額徵收計畫。簡言之，美國的城市不能再無視它們現行的行政效率水準，這對於它們本身推行超額徵收政策的財務成效，形成了不小的威脅。

這些都是實施超額徵收所連帶的財務風險。所有的風險都被詳細列舉，並不是要人們必須過分小心，或將其視為迫在眉睫的威脅，其中一些威脅或許從來不會發生在美國的城市，不過即使

難以想像，還是有發生的可能性。某些計畫就算濫權和管理失當，卻仍然有可能獲利。而在其他案例，就算管理再怎麼英明，也沒辦法讓市庫免於損失。有個事實不得不承認，即使在最有利的環境下，超額徵收計畫的財務成效仍有諸多不確定性。

上一章節檢視了超額徵收如何用於獲取增值利益，本章則相當程度批判性地討論這些計畫內造成獲利或虧損的因素。因此，也該針對美國城市運用超額徵收政策來補貼公共建設究竟合適與否來大膽下個結論。

結論的第一點：超額徵收計畫的虧損風險太高了，因此無法合理化採取此法作為財務手段的必要性。假如城市徵收剩餘土地的動機，只是為了截留在該地興辦公共建設所期望的增值利益，那麼最好還是以不那麼費勁又更可靠的方法來獲取增值利益。倘若能夠發展出增值稅的體系，就可以完全得到超額徵收機制的財務優勢，市庫也不會承受任何虧損的風險。公共財政的合理原則就是地方政府要是能夠平安達到目的，就不應該招惹任何風險，不管風險有多小。

第二點結論：超額徵收附帶的財務風險也並非沒有高到可以論斷用此手段來控管殘餘地或保護公共建設就是不智的。超額徵收被視為唯一能夠有效且適當達成前述目的之手段，而達成目標是絕對重要的，因此為達目的所付出的成本就不是首要考量了。紐約市稅務及估價委員會主席勞森・波爾帝（Lawson Purdy）在談起下曼哈頓其中一條新修街道外圍的殘餘地有多混亂的時候並不誇張，「紐約市應該要能徵收街道任一邊的大片土地然後釋出，而非讓街道變成現在這樣。」假如市政府能夠藉由超額徵收，避免新建或改建過的街道在發展時遇到這類亂象，或者能夠保護公

園或林蔭大道的外觀和效能，過程中要是損失點錢，沒有獲利，倒也沒什麼好抱怨的。市政府不會因為承受超額徵收連帶的風險就退縮，尤其當這麼做可以達成必要目標，而且有利於理想發展的話更是如此。而且自從法令通過之後，至少在這幾年，市政府很少把這個政策用於與保護公共建設無關的方向上。

關於超額徵收作為補貼公共建設手段的最後一項結論，就是市政當局沒理由因為採取某種方案，就排除其他有助於達到目標的各種作法。最後提到的幾個案例在正當實施超額徵收時，市政府或許時常發現，若能將超額徵收與周邊受益卻未被徵收之土地的特別受益費或增值稅妥善地結合，將是一個最好的解決問題的方案，並以最少的公共成本來興辦公共建設。

將各種方法整合，比起單獨採用超額徵收，對於涉及其中的所有權人也較公平，因為市政府在這個框架底下來收取增值時，不只侷限於那些被徵收土地的利益，還包括那些未被徵收卻實際受益的土地。另外一個附加優勢是市政府可以透過擴大收取增值的區域，來回收更多資金，藉此獲得比超額徵收更多的利益，或者減輕損失。假如單獨實施超額徵收而不考慮特別受益費或增值稅，這樣的作法不安全的話，沒理由在許多案例中，它不能與後面其一或兩者結合運作。

註釋

1 倫敦郡議會（建設）法，1899年，第2部第8節第1、2章。前面已提過（參頁101，註25）的林蔭路（建設）法包含類似的條款。另參照蒙特婁憲章第437節：「在調解委員會發布徵收通知之後，任何不動產上的建物、結構物或改善事業，不得給予任何賠償，該年度徵收作業均按此辦理」

2 參見頁195及其後頁。

3 J. S Nettleford，《城鎮規劃實務》（*Practical Town Planning*），頁207。

4 這僅是理論，而非整體的保護措施，因為欠缺實際的舉證標準來支持此人的說法。

5 引自《第24屆費城城市公園聯盟年度報告》（24th *Annual Report of City Parks Association of Philadelphia*）公開演說。

6 參見頁141。

7 麻州議會文件228（1904），頁65。

8 《市有不動產運作策略之巴黎、倫敦及英國市鎮的街道改善》（*Municipal Real Estate Operations in Connection with Street Improvements in Paris, London and the Provincial Towns of England*），麻州議會文件288，頁53-101。

9 Meyer，同上，頁60，引用《法國經濟學人》，1887年9月10日。

10 Meyer，同上，頁61，引用《法國經濟學人》，1890年8月23日。

11 參見上文，頁183。

12 參見上文，頁135。

13 致作者函，1916年8月5日。

14 參見上文，頁183。

15 美國法院對這一點似乎沒有任何聲明。不過，幾個州的法令都同意並公告由官方進行街道重劃，但拒絕支付官方規劃路線所毀壞的新蓋建築或設施的補償金。除了賓州之外，各州拒絕支付賠償均被視為違憲，原因是既然容許為公共目的徵收私有地，卻沒有公正的補償機制。上面討論的這些法令和規則並沒有重大的差異，都拒絕補償在宣布興辦公共建設後，為了獲取補償金才產生的建物、設施或產權。Lewis，《強制徵收》（*Eminent Domain*），第三版，第226節；Nichols，《強制徵收》（*Eminent Domain*），第42節。

16 麻州議會文件288，頁72。

17 《上議院專責委員會報告》（*Report of Select Committee of the House of Lords*）提問1384，頁109，倫敦郡議會副主席Charles Harrison證言；提問783-795，頁55，曼徹斯特市府參事George Clay證言；提問3546，頁277，利物浦副鎮書記H. E. Clare證言；提問213，倫敦郡議會議員H. L. Cripps證言。

18 Edwards，《倫敦街道改良史》，頁11。〈倫敦交通部貿易委員會報告〉（Report of the London Traffic Branch of the Board of Trade），《國會文件》，1908年，卷xciii，頁9；《專責委員會報告》，同上，提問344-348，頁27，大都會工程委

員會成員與倫敦郡議會議員Cripps證言；〈皇家委員會倫敦交通報告〉，《國會文件》，1906年，卷xliii，倫敦郡議會估價師Andrew Young證言，提問7233-7234。

19 參見上文，頁167。

20 《專責委員會報告》，同前註，頁 iii-iv。

21 《皇家委員會倫敦交通報告》，同上，卷xli，附錄12，頁315-318。

22 參見上文，頁150。

23 Robinson，《城市規劃》（City Planning），頁262註釋。

24 1897年，郡議會取得南安普敦路（Southampton Row）和國王門街（Kingsgate Street）之間一大塊地的永久業權。這些建物的租約只剩五年，郡議會決定不動它們以避免支付商業損失，因此以原應支付費用的一半就完成了此公共建設。Edwards，《倫敦街道改良史》，頁173。

25 這個有趣案例的完整敘述參見〈下議員專責委員會林蔭路改善法案報告〉，《國會文件》，1914年，卷viii。在本書寫作的時候，即使國會通過了法案，仍未能知悉這個機制是否順利運作。

26 倫敦交通部貿易委員會報告，《國會文件》，1908年，卷xciii，頁9。

27 〈上議院都市改造專責委員會報告：改良篇〉，1894年，《國會文件》，1894年，卷xv，提問783-795。

28 同上，Theodore Sington證言，提問2810- 2819，頁215；Bridgford證言，提問3042-3047，頁236。

29 曼哈頓就是這樣。十年或十五年前座落在二十三街的商業區，搬到三十街和四十街，原商業區的地價明顯持續蕭條。要了解這個趨勢，可以用住宅和商業目的的土地分區系統來檢視。

30 Edmund M. Parker，麻州議會文件，1096（1904）。

31 參見上文，頁143及其後頁。

32 估價委員會主席J. Hamilton Ferns致作者函，1916年2月24日、3月11日。

33 引自Theodore Sington向上議院專責委員會的證言，同上，提問 2819，頁217。

34 同上文，頁138及其後頁。

35 《卡內基大道擴建報告》，克里夫蘭市俄亥俄州，製造商估價公司出版，1913年，頁5-6。製造商估價公司總裁Walter W. Pollock致作者函，1915年5月22日。

36 〈皇家委員會倫敦交通報告〉，1906年，《國會文件》，卷xliii，提問7166-7168，頁267。

37 同前，提問7176，頁267。

38 同前，W. E. Riley證言，提問7085，頁264-265。

39 參見上文，頁104。見《倫敦郡議會訴訟年度報告》，1908年，頁164-165。

40 〈皇家委員會調查與大都會工程委員會之相關運作期中報告〉，《國會文件》，1888，卷Ivi。

Arthur A. Baumann認為，倫敦公共建設的增值利益不甚成功，是因為管理有弊端，並駁斥其他研究此問題的人主張增值利益會失敗是因為取得商業利益的成本太高的說法。《改良、破壞與補償》（*Betterment, Worsement and Recoupment*），頁100-101。向上議院專責委員會陳述之證言，同上，提問2662-2707，頁204-207。

第六章

超額徵收的行政管理

　　當超額徵收被認定為市政單位可以合法運用的政策，而且對其實施目的皆達成共識，剩下的就是重要卻棘手的行政問題，也就是該如何把超額徵收的一般原則轉化為實際的運作制度。市政府實施這個政策的權力應該體現在哪些方面？該受到什麼樣的約束？市政府該如何實際執行這個制度？這些問題至關重要，因為若大規模實施強制徵收，對個別市民的私人權益影響甚深，同時也牽涉到鉅額的經費支出和信用貸款。而且這些問題極為錯綜複雜，因為一個超額徵收計畫或多或少都關係到城市的美學、工程與財務面，彼此盤根錯節。

　　有趣的是，目前對於超額徵收政策如何適當運作的細節，仍然莫衷一是；沒有任何一州或國家提出的憲法修正案或法令，與另一州或別國完全相同。部分立法機關起草了超額徵收的規定，卻沒有明確的計畫目標，只是要將通則納入法條裡頭，這些法規的意義都是概括性的。另外有時候通過法令，是為了要批准在某個特定案例使用超額徵收政策，若是如此，法規的形式往往受到立法者所考量的實際情況而定。在這兩種極端之間，當然有些詳

細起草的法令是為了形成一個普遍可行的政策，但似乎除了超額徵收計畫的界線定得很寬鬆之外，這些法條並沒有達成任何實質的良好整合。

　　或許要處理超額徵收的行政問題，最理想的方式就是從各個提到徵收權的憲法規定或法條當中來研究各種問題的對策，無論是被採納或僅是建議、無論是在美國本土或國外。如此一來，也許有機會找出實際運作超額徵收政策的最佳方法。接下來的分析表格就是要來促成這樣的研究。

　　從最初就出現的一個實際問題，也就是究竟有無必要在憲法修正案裡加入超額徵收權，或者各州議會制定正式的法條是否就足夠了？美國各州對這點有不同的看法。授予市政府此權力的憲法修正案在五個州[1]通過，在三個州曾被提案。[2]另外，九個州每次都透過法條來賦權，卻沒有得到憲法修正案的批准。[3]下一章會詳細討論超額徵收的合憲性，這裡就不多說。不過，可以說各州都反對立法機構在無憲法的明確授權下，強制將此政策納入法規。雖然目前還沒有哪個州的最高法院宣布此法令有效，若希望施行超額徵收，最安全的方法還是應確保該州能夠通過該州憲法的修正案。如此，很多尷尬的問題在發生之前就可以擺平。值得留意一下，有意將此權授予城市的州，大部分都已經開始推行這個政策。

　　還有另一個建議將超額徵收權納入憲法修正案的理由。超額徵收為政府其中一個最專制的權力——也就是強制徵收權——提供了寬鬆解釋的機會，個人財產權因此深受影響。倘若大家都認為這些權利必須受到保護，避免受立法機關任意擺布，或許應該將之寫入憲法修正案裡，限制立法機關以立法權來制定超額徵收

法，避免此機制受到濫用。雖說這些限制可能都不大受歡迎。

　　假如有個體現超額徵收原則的憲法條款，會有什麼樣的特性？這問題可不容小覷。理想的憲法條款針對這一主題，就如同其他主題一般，會在兩種極端的法規形式之間採取中庸之道，一邊是模糊籠統的概述，難以精準說明政策；一邊又是卷帙浩繁的條款，再小的細節都以精確的法令應對之。

　　或許要決定關於超額徵收的憲法條款所具備的特性，第一個要面對的問題就是該規定是否應自動履行。目前只有兩個提議或通過的憲法修正案不需要以後續立法執行之。賦予各州市政府一般權力，導致那些市政府只能無助地等待，直到州立法機關決定賦予該權力生效，這種作法有個明顯的缺點：有時候立法議會拒絕碰觸這類授權關係，或者拖很久才處理。本研究並無意要為這個問題提供對策。不過，普遍都認為徵收超額土地的權力應該只能在明文條件下賦予市政府，而其限制多如牛毛，卻又彈性到很難將此權力整併到州立的組織法裡。憲法裡關於這項權力的概括原則應該要擴大適用，並由議會通過具體法令。倘若該州的立法機關拒絕讓人民的心聲生效，該州的人民也不至於束手無策。

　　倘若超額徵收權被納入無法自動履行的憲法條款，使其生效的法令究竟該是一般法還是特別法呢？麻州條款要求通過特別法；加州提出的憲法修正案遭退回；威斯康辛州和紐約州希望這類法規屬於一般法；其他地方的憲法條款則擱置這個問題，因為通過特別法的權力可能受到該州憲法其他條文的限制。

　　假如美國私人法案的立法機制能在英國那樣的條件下發展，或許會引發激烈的辯論，支持以特別法賦予超額徵收權。不過，通常這類計畫在美國各州多半沒什麼成效，假如人們不相信市政

府本身可以有效率且透明地實施這些方才討論過的一般市政政策，那麼把每個提案的執行細節交給議會，到底在實務上有沒有幫助，就很值得懷疑了。經驗顯示，把該州的市政府帶到州議會面前，尋求授權每個案子當中看似合理的市政措施，對州議會和對市政府而言都是打擊士氣的作法。超額徵收政策應該由州議會研擬出一般法律規範，以一體適用於各城市，或者同等級的所有城市。州議會不該被允許以通過特別法來處理如此複雜的問題。

其他的問題是：州立憲法條款究竟應該將超額徵收權賦予哪個政府單位？大部分已提出或通過的條款都止步於將此特權交給市政府。幾個案例顯示，此權力被交給州、郡、鎮和市。不過，最寬鬆的規定出現在紐澤西州1915年被退回的憲法修正案，公權力徵收的超額土地會交給「州、郡、城市、鎮、區或其他市政府，或者任何理事會、治理單位或類似的委員會」。市政府無疑是最頻繁、也最需要廣泛應用這個政策的單位，但似乎沒有明確理由，解釋為何其他提到的政府部門不該在適當時機出現時，也被賦予同等施行徵收政策的權力。超額徵收的憲法條款不該忽略將此權授予其他公部門。

現行憲法條款裡，關於由市政府行使超額徵收權的目的，有些爭議之處。前面幾章曾提到，這個政策主要用於保障土地被適當重劃，或作為保護公共建設的美觀和效用的手段，以及用於獲利。經過前面詳細探究以超額徵收來達到這三個目標的施行狀況，結論就是這個機制的財務風險實在太高，無法保證用它來單純追求財務目標。此處無意重啟這個討論，而是要說：提及超額徵收權的憲法條款，應該規定此政策只用來促進前面所說的前兩種目的，也就是確保公共建設毗鄰有適合的建築基地，以及對公

共建設的美觀和效用提供適當保護。

　　對應這個問題的憲法條款，在另一點上呈現相當大的分歧，也就是可施行超額徵收的興辦事業種類究竟有哪些。這件事關係到兩類規定，首先，很多修正案都詳細列舉由公權力超額徵收土地的事業計畫，這類法令的最佳實例可參考威斯康辛州的憲法，該州規定超額徵收權的實施是「為了闢建、設置、拓寬、擴大、延伸和維護紀念地區、街道、廣場、景觀道路、林蔭大道、公園、遊戲場和建築基地」。反對像這樣細列的主要原因，是認為這麼做就排除了沒有明確列入的項目，而市政府不一定總能夠預料到所有希望運用超額徵收來興辦的公共建設種類。因此，1911年麻州通過的憲法修正案，規定此政策實施是「為了設置、拓寬或遷移公路或街道」。後來很快就發現，僵化地規定土地徵收目的這種作法很沒有保障，於是普通法院又提出了補充條文，將此機制擴充施行於「闢建公園、公共建設、港口和碼頭」[7]。為了避免這類不便，好幾個州都將超額徵收的憲法條款定在不同的分類，亦即公部門獲得授權，得在任何公共建設事業計畫實施此政策。[8]如此一來，一般條款感覺就比方才描述那些一一詳列項目的規定更恰當。很難理解為什麼超額徵收可以用來開闢公園或拓寬街道，卻不能用於蓋橋或碼頭這樣的事業計畫。這套機制運作的成效和公平性，並非仰賴特定種類的公共建設。超額徵收權應該要能夠適用於所有的公共建設。

　　另一點，關於超額徵收權應該收錄在哪類憲法條款裡，這個問題似乎沒有達成共識。這點關係到是否要對公權力可能超收的土地數量加諸任何的限制。這個問題的兩個解答如下：第一，之前被徵收的剩餘土地，不該超過足以在設施毗鄰土地形成合適建

築基地的面積範圍；[9] 第二，憲法不該制定任何限制。[10] 論據在於，假如針對超額徵收的土地數量規定某種限制，之後還是會產生各種意見分歧，吵嚷著究竟該設定何種限制。[11] 不管超收的限制標準，究竟是土地數量是否適合成為建築基地，或者限定深度不得超過多少英尺，都是一個可以透過實務經驗得到最好的對策。與其硬套一個解決方案到憲法條款裡，大體上更明智的作法是先按兵不動，讓立法機關按照實際經驗，對其加諸適當的限制。

如前所述[12]，州議會在某些情況下會授予地方政府權力，對其轉售的剩餘土地加諸合理的未來使用限制，即使該州憲法對此點並無要求。因此，不需要畫蛇添足地在憲法裡制定任何明文規定。不過，既然明文規定也沒有什麼損失，而且在憲法裡敘明公權力會對將處分的剩餘土地實施未來使用方式的合理限制，反而還有不少好處。

最後，定義超額徵收政策的憲法條文應該容許立法機關規定：凡由公部門徵收之超過實際需要的土地，後續得出售或租賃之。

總結來說，憲法裡應該要有賦予超額徵收權力的條文，該條文應該衍生於下述七點：

一、應授權由州議會訂定的一般法。

二、應將超額徵收權授予州、郡、市政機構或任何理事會、治理單位或委員會。

三、應使此權力僅用於確保毗鄰設施的適當建築基地，以及保護設施的美觀和效用，不能僅只是為了獲取增值利益。

四、應使此權力與所興辦之任何種類的公共建設相互連結。

五、對於可能被超額徵收之土地數量不可以加諸明確限制，
　　僅說明土地被徵收的數量可能會超過公共建設之所需。

六、應允許出售或租賃剩餘土地。

七、對於剩餘土地之未來使用實施合理限制。

　　然而，對於這類憲法條文的批評立刻就出現了。此處授權的
重要權力都潛藏在極為概括的詞語裡，幾乎沒有任何預防濫用權
力、或者避免漠視個別所有權人權益的限制字眼。不過，省略這
些限制力的字眼也有其道理。超額徵收在美國仍然處於實驗階
段，大部分相關的問題都只能透過實務經驗解決妥當。由於此政
策帶有不可避免的投機成分，實施時就必須享有高度的自由裁量
權，因此也具有濫用權力的風險；但像超額徵收這樣的制度一旦
沒了彈性，不僅無用，而且絕對有百害而無一利。因此有人建議，
立法機構對憲法賦予超額徵收權的干預越少越好。一旦機制運作
的實務問題被解決了，經驗或許會提供智慧用來規範憲法裡規定
超收權的額外限制。

　　超額徵收權被納入州憲法的條文之後，立法機構仍然需要決
定一般法的性質和施行細則，這個問題可比前面考慮的種種課題
還來得繁雜多了。

　　在制定這樣一條法令的過程中，第一個浮現的問題是：該由
地方政府的哪個機構來執行超額徵收？誰要負責制定超額徵收計
畫的細節？由哪個單位來核定那些計畫？透過哪個單位來執行？
是否要將部分或全部責任移交給某個特別成立的政府機構，還是
應該交給現有的行政單位來分擔？

　　逐一整理這些問題，究竟誰應該負責制定一個超額徵收的事

業計畫?說這樣的投資不該沒有計畫就貿然開始,應該沒有人會反對。對個別市民權益的保護、公眾的福祉和合理的商業準則——這些都是市政府啟動超額徵收計畫之前,所應該具備的所有條件,並非模糊籠統地說明構想和手段,而是具體、明確、詳實,白紙黑字,經得起檢驗、批評或必要的修改。有兩個主要政策被多個州和城市採行,以達成超額徵收制度。第一個政策的內容,是把超額徵收從頭到尾的完整權力都交給市議會來掌控。[13]無疑地,在議會委員會的安排下,必然會產生一套制度交付給全體議會核准。比方說,假如紐約市的估價與分配委員會要實施超額徵收權,就會出現這種情況。在部分情況下,第一類的法規會被要求描述得更精確,市政工程師必須準備一套明確的計畫,並在市政府準備進行事業計畫之前將其存檔。[14]不過在這些案例裡,市政工程師的自主權並沒有受到限制,他可以自行決定計畫的特點。他所做的就如同是一位部長的功能。第一種初步規劃超額徵收計畫的方法,是基於此一假設:即使沒有特殊經驗或超群能力的人,也能夠適當有效地執行這個任務。它不過是個需要花點心思的立法政策,與一般類似技術規則的東西差不多。

第二個執行超額徵收制度的方法曾經被某些州和城市採用。這個運作方法的假設是,要為城市擘劃運作超額徵收的指引,很需要技巧和經驗,這點只有特別成立的理事會或委員會辦得到。因此,這麼重大的責任就落到像是都市規劃委員會或公有地委員會身上,[15]但並不表示這些委員會擁有拍板定案或專斷的權力。有時,規劃超額徵收計畫需要諮詢他們的意見,但不必然要遵循他們的建議;有時候他們對計畫的許可是執行計畫的必要條件。他們未必有權力決定計畫的細節,但至少能夠發揮強烈的壓力,

對於引起反彈的規劃投下反對票或發聲抗議，以管控計畫的性質。

　　至於前述二種運作機制哪一個會受到青睞，端賴此人如何理解個案中所需要的計畫功能屬性。假如任務僅需要常識判斷和一些商業敏感度，就沒有重大理由不讓市議會或其中哪個委員會在市政工程師的協助下執行該任務。反之，倘若這項工作需要某些一般人所沒有的技術知識或經驗，城市就應該要找來受過訓練、熟知該解決哪些問題的人來處理。

　　無可否認，美國城市有時會過度依賴專家的建議而遭受嚴重後果，有時過於依賴某些專家意見反而會導致他們看不見公眾的廣泛需要。這種情況在都市計畫和一般公共建設都發生過。於是，把研擬一套超額徵收方案的課題，交給某個或一群只想從超額徵收獲得純粹美學利益的人，實在令人難以放心。但其實也並不是非得這麼做不可，另一種作法──而且是比較理想的作法──是組織一群人來執行這個重要的使命，他們擁有這個任務所需要的訓練和經驗，同時也有更高的商業敏感度和想像力，能夠明智擘劃城市未來的需要。很多城市成立這類都市規劃委員會，而且這些組織被認為應該要承擔起超額徵收計畫的規劃工作。

　　把這種委員會當作實施超額徵收的唯一諮詢窗口並不太理想；但它們應該被授權可以啟動某個超收計畫並將之呈給適當的公部門核准。另一方面，應該要規定市議會不得在未徵得委員會同意之前，就採行任何超額徵收的政策。運作起來，委員會或許會因應議會的請求，成為制定超額徵收計畫的單位。簡言之，委員會擁有一般否決權，可以掌控這類公共建設的屬性。

　　這類都市規劃委員會的性質、組成和結構就不必細談，不過

還是可以稍微描述一下它的基本特徵。

首先，委員會必須是一個團體，所有有助於制訂公共建設計畫的明智與務實觀點，都必須要能夠在這裡呈現出來。團體裡具體要有哪些成員或公務員，可以不需要在此處拍板定案，但市長、市政工程師，或許再加上一個財務單位，最好都是當然成員。除此之外，應該還要有熟悉都市計畫問題以及不動產交易細節的專家。

當然，沒有必要非得努力地讓這個委員會無黨無派或不具政治色彩。只要透過長期運作，並且局部輪替非當然成員，就可以達到一定的穩定性，最重要的是，寶貴的經驗也能夠因此傳承。參考加拿大的保育委員會安排都市計畫顧問的作法，這個委員會也打算常態設有都市計畫顧問。這一群人憑藉著他們的經驗、訓練和眼界，針對超額徵收這種重大權力可以如何明智使用提供建議，並擬定必要的計畫。

雖然能夠有個專門組織來處理超額徵收的計畫是很吸引人，卻沒必要成立新的行政組織來批准這些計畫。顯然，上面提到的這個專門委員會不應該在沒有被批准的情況下，獲得執行計畫的權力。倘若政策執行需要動用到強制徵收權、大筆的經費、稅金與特別受益費的管理費用，委員會就必須從有裁決權的市政機關獲得最後核可。任何提及超額徵收原則的提案，最後都必須收錄在市政命令裡。市議會有時在採行公共建設興辦措施時，的確會有貪汙或忽略公共利益的弊端。然而，假如這些事業計畫的規劃能由另一個獨立的專家委員會來執行或審查，城市的立法機關就比較沒有動機和機會從事不法。根據這樣的機制，把計畫最後的決定權交給市議會就能更安心且可靠。

或許有些人會提到，在審核這些事業計畫時，並不需要經過民眾的認可。法律應有適當的規範，讓利益受到影響的人能夠出現在規劃委員會或市議會或兩者面前，來為自己發聲，似乎不需要再加上其他方式來保護私人權利。若想藉由任何種類的公民投票來為事業計畫的效力背書，當然除了發行債權必須要通過公投，其他情況下則好像是拿這個高度繁瑣又帶點技術性的問題來給選民添麻煩，因為他們的意見可能沒有太大價值。

　　還有一點值得一提，在歐洲國家，甚至加拿大，市政府在擘劃公共建設計畫時受到中央行政機關的管控。巴黎市所有徵收殘餘地的權力都必須由法國最高行政法院（Council of State）[16]批准；英國超額徵收土地的權力大都只能來自國會的特別法，過程包含一個國會委員會面前的聽證會，多少帶點審判的味道。按照1909年《城鎮規劃法》授予的權力，預定的事業計畫方案必須要經過當地的政府委員會同意；在德國，任何重劃土地的權力（德語Umlegung）都要受到內政部的核可。這裡並不需要深入討論，簡單來說，所有這些規定要由中央行政機關來核准的超額徵收計畫，與城市的其他公共建設計畫是一樣的，都不是創新的作法。它們不過是整個運作體系裡的一個環節，中央機關對地方政府在諸多事項上會進行行政控制。而美國地方政府對這類中央控制的作法比較陌生，他們一直希望掙脫州議會的掌控，看來美國對歐洲這套由國家管控的作法不太感興趣。那種監督方式，會促使州政府形成一套全新的行政機制。不過，一旦有一天美國各州的城市受到任何形式的一般行政管控，而不再像是現行許多州可自行支配某些地方活動，牽涉到超額徵收的開發計畫很可能就要受到中央的監督。在那之前，這類徵收計畫得由市政當局做最後批准。

超額徵收的憲法修正案

修正案	所適用的公共建設	由誰實施徵收權	超額徵收之土地	土地取得手法	剩餘土地的處置方法	剩餘土地未來使用方法的限制	自動履行或授權之法令
麻薩諸塞州第10條第1部，1911	「設置、拓寬或遷移公路或街道」	聯邦、郡、城市或鎮	「在公路或街道實際建設所需之外的土地與房產的徵收；但是規定被授權徵收的土地和房產需於法條中明示，而且不超過公路或街道兩側足以構成適宜建地的範圍」	付費徵收	「眾多土地或房產因公路或街道開發需要而被徵收，得授權出售剩餘土地以求獲益」	「有或無適當限制」	「立法機構得依特別法授權執行……出售剩餘土地」
俄亥俄州第18條第10節，1912	「市政當局為公共用的占用或取得土地得促進公共使用」	市政府	「超過公共建設實際需要之土地」	「占用或取得」	「而且得賣出該剩餘土地」	「憑此限制以適當保護公共建設」	自動履行
威斯康辛州第11條第3a節，1912	「關建、設置、延伸、拓寬、擴建、保護紀念場地、街道、廣場、景觀道路、林蔭大道、公園、遊戲場、建築基址」	州政府或該州各城市	「用於建設的土地等，及位於其上、周邊、沿線之保留地，或者在任一或全數之同類保留地」	「接受贈與、購買或徵收」	「公共建設關建、設置、完成之後，得轉讓該公共建設所用不到的土地」	「預定不動產的未來使用方式或將持有狀態，以保護公共建設及周邊環境、保存它們的景觀、外觀、光線及這類設施的效用」	自動履行
紐約州第1條第7節，1913	「設置、拓寬、延伸或遷移公園、公路、公共空間或街道」	市政府	「劃定時超過建設實際需要的土地和房產；但是那些毗鄰郊公園、公共空間、公路和街道旁，或公路或街道開發需要而被徵收，並被授權徵收的土地和房產不該超過足以構成適宜建地的範圍」	徵收	「眾多土地或房產因公共空間、公園、公路或街道開發需要而被徵收，剩餘土地得出售或租賃之」		「立法機關得授權市政府執行……」

196

法條	事由	適用機關	土地描述	取得方式	處置規定	條件／授權
紐約州第1條第6節，1911年宣告無效	「私人土地因公共目的被徵收時，得徵收多餘土地」「所徵收之多餘土地應被用於公共目的」	市	「多餘、毗鄰或附近之土地等」	徵收		
威斯康辛州第11條第3b節，1914年宣告無效	「同紐約1911年宣告無效之修正案」	同上	同上	徵收		
加州第11條第20節，1914、1915宣告無效	關係到「任何擬辦公共建設」以及「所徵收的多餘土地應被用於公共使用」	州、郡、市、郡自治市或鎮	「範圍內多餘、毗鄰或附近的土地、超過實際用於擬辦公共建設之用地」	「以強制徵收權取得土地」必須為完全絕對產權	「剩餘土地得全數或部分分出售、租賃或處置……」	「根據條件和限制，能適當保護或增進已完成或擬辦之公共建設」「這類剩餘土地得被徵收與分配的條件；賣出、支付的方式及辦法；賣出、租賃或其他處置的條件與限制，需於一般法律規定之」
紐澤西州第4條第9節，1915宣告無效	「鋪設、拓寬、延伸或遷移公園、公路、公共空間或街道」	「州、郡、城市、鎮、行政區、或其他市政單位，或治理單位或委員會」	「土地劃定時……公園等超過實際建設需要的土地和房產等；但是被授權不該超過毗鄰都公園土地和房產足以構成適宜建築基地的範圍」	徵收	「眾多土地或房產因公園、公共空間、公路或街道開發需要而被徵收，剩餘土地得出售或租賃之」	「加諸合理的限制」「立法機關得授權」

超額徵收的憲法修正案（續）

修正案	所適用的公共建設	由誰實施徵收權	超額徵收之土地	土地取得手法	剩餘土地的處置方法	剩餘土地未使用方法的限制	自動履行或設權之法令
麻薩諸塞州第10條第1部，1914年提交普通法院。無後續行動	「闢建公園、公共建設、港口和碼頭」	聯邦、郡、鎮，或由特別法授權的委員會	「超過實際需要用於建設公園、公共建設、港口和碼頭的土地，所授權徵收的土地和房產需徵明於法令」	徵收	「許多土地和房產都被徵收作為公園、郡等……聯邦、郡等……得保留需要持有、租賃、出售或使用……剩餘之土地」	「有或無限制」	「普通法院得依特別法授權」
羅德島州第17條，1916年通過	「闢建、設置、拓寬、延伸或遷移公路、街道、公共場所、公園或景觀道路」	州、城市或鎮	「超過實際建設需要的土地……不過，多餘的土地……不應多於足以構成公路旁適宜建築基地的範圍」	取得或付費徵收	公共建設所需的土地得利用利用後，剩餘土地得出售或租賃以獲利……萬一出售或租賃這些剩餘土地，原本的土地所有人可以按州或城市有意出售或租賃之條件，享有優先承購或租賃權	「有或無適當當制」	「州議會得授權」
賓夕法尼亞州第9條第16節，1915提出，下一次會期必須通過	「得促進土地徵收與該土地利的公共使用」	州或任何市政府	「超過實際供公共使用的土地」	挪用	「得賣出或租賃超額土地」	「對出售或租賃之土地得加諸適當限制，以保護或增進實際使用之土地的公共利益」	「根據立法機構隨時加諸的限制進行挪用等……」

超額徵收的示範章程規定

法令	所適用的公共建設	由誰實施徵收權	計畫起草者	計畫核定者	計畫實施者	超額徵收之土地
渥太華，1914年	「任何街道、公園、遊戲場或其他開放空間」	當地城鎮規劃委員會	地方委員會起草規劃，接受省中央委員會的建議	地方委員會和省中央委員會		「邊界線200英尺內的毗鄰私人土地，或任何街道的設定邊界等」
全國城市同盟，1915年	「地方公共建設」	城市				「超過這類施設所需的土地」

超額徵收的示範章程規定

法令	土地取得方式	剩餘土地的處分方式	剩餘土地的未來使用限制	轉售的方法	轉售土地獲利的運用方式
渥太華，1914年[4]	收購、取得、使用、徵收	「依照中央委員會指示，必須轉售之」			「收益由地方委員會運用，執行中央委員會通過的市鎮計畫」
全國城市同盟，1915年[5]	徵收或其他	出售或租賃超額土地	「限制是為了保護和保存公共建設」		

超額徵收的法令規定

法令	所適用的公共建設	由誰實施徵收權	計畫起草者	計畫核定者	計畫實施者	超額徵收之土地
紐澤西州，1870年，第117章	「重劃狹窄短小且不規則的街道」	紐約克市議會指派的委員會	前述委員會		前述委員會	「如下描述範圍內的全部或部分土地、不動產，建物和公共建設」
俄亥俄州，1904年，成文法註解，第2章，頁755	「闢建廣場、林蔭大道、景觀道路、公園、公共保留區；在其內、周圍或通往公共建築的公共空間」	所有地方政府				「管轄範圍內的不動產」
維吉尼亞州，1906年，第194章	「眦鄰公園、設有紀念碑的小塊土地，或其他用於公共目的的土地」	任何市或鎮				「眦鄰公園等的土地，或其他用於公共目的的土地，或這類公園附近等」，其使用導致「損害這類公園內的美觀、效能或效率」及「影響眦鄰街道的使用，要付出鉅額花費才能回復利用該公共建設」
康乃狄克州，1907年，第61號	在「闢建廣場、林蔭大道、景觀道路、公園、街道、公路、廣場、公共建築基地和空間」的附近	哈特福市「透過規劃委員會或其他」	關於公共建築、廣場等地點的問題，在議會決議前，指派委員會審議之	議會	議會得委派權力給委員會，該委派權力並無明確委派給其他的團體，該計畫的團體	「管轄範圍內用於建設等目的之不動產」，得轉讓那些徵收而來而不須用於公共建設的任何不動產
賓夕法尼亞州，1907年，第315號	「開闢、擴建、延伸、維持公有公園、景觀道路和遊戲場」，徵收需以公共使用需求為目的	城市	「議會需根據法令或聯合決議來決定之」	議會	議會	列舉公共建設兩百英尺界線範圍之內的土地以保護公共建設的土地，條件是議會必須宣布管制這些土地是為了保護公共建設的合理必要手段

法條	目的	適用城市				引用條文
馬里蘭州，1908年，第166章	「海濱道、林蔭大道、景觀道路、遊戲場或公共保留區」以增進其效用	巴爾的摩市	市長和市議會	市長和議會	市長和議會	「任何或所有土地及房產，或土地及房產的利益，與使用中或即將因作為濱海道而被徵收的土地所毗鄰或向外一段距離之判定必要判定或土地的使用得在判定必要使用或有益的情境下，受到合法的限制或管控，以施行保護等目的……」
威斯康辛州，1909年，第162章	關建、設置、拓寬、擴建、延伸、維護紀念場地、街道、林蔭大道、景觀道路、公園、遊戲場、公共建築基地及附近區域。這些基地及使用必須屬公共性質	第一級、第二級、第三級城市。透過規劃委員會或其他方式實施	所有公共建設計畫必須在議會決議前提交規劃委員會審議	議會	在不侵犯其他機構權力的情況下，議會得賦予委員會權力執行計畫	「任何在管轄範圍內用於相關建的土地等……」
威斯康辛州，1909年，第165章	開闢、擴建、延伸、景觀道路、保護及維護公園、市民中心和遊戲場，及保護之。這些使用必須屬公共性質	25萬人口以上的城市和郊部	議會或部委員會必須對其做出命令或正式決議	議會	議會	「周邊用於指定目的之私有土地」
威斯康辛州，1911年，第486章	由市議會所指定的街道和公路，將其改建成景觀道路或林蔭大道	該州任何城市	由公有土地委員會理事會推薦	議會決議	議會決定價格或徵收土地，土地委員會得依此實施計畫	街道或公路任一邊300英尺內毗鄰的土地

超額徵收的法令規定（續）

法令	所適用的公共建設	由誰實施徵收權	計畫起草者	計畫核定者	計畫實施者	超額徵收之土地
紐約州，1911年，第776章	水岸設施、碼頭設施、道路和場站	紐約市，估價與分配委員會				估價與分配委員會認定適合重劃、升級，或調整多餘與周邊的區域，以便通行或使用這類水岸之道路、場站或其他公共建設
麻薩諸塞州，1912年，第186章	拓寬貝爾蒙特街	伍斯特市				「貝爾蒙特街南側一條深度不超過160英尺的長形土地」
麻薩諸塞州，1913年，第201章	設置和闢建指定街道	伍斯特市	市政工程師所做的規劃必須存檔			街道「兩側深度不超過150英尺之全部或部分土地」
麻薩諸塞州，1913年，第326章	設置、拓寬、遷移華盛頓廣場和周圍街道	伍斯特市				法令明確規定的部分土地
麻薩諸塞州，1913年，第703章	拓寬大橋街	塞倫市				法令明確指明的長型土地，深度不超過125英尺
麻薩諸塞州，1913年，第778章	設置安旺斯卡鎮的漢弗萊街	麻州公路委員會	由麻州公路委員會創定計畫	艾塞克斯郡議會委員和支旺斯卡鎮行政委員	艾塞克斯郡議會委員	任何或全數介於部分指定點之間，而且距離待興建公路的邊界深度不超過200英尺的土地
奧勒岡州，1913年，第269章	公共廣場、公園和遊戲場。為這些公共使用而徵收	規模一萬人以上的都市	市政府依命令定定徵收土地及相關限制			土地和房產超過指定公共建設所需，「用於該目的之土地不應超過邊界200英尺以上範圍」。為了要保護公共建設，議會會命令管控其周邊地產。

法規	用途	城市			不動產與其利息
康乃狄克州，1913年，特別法第243條	闢建海濱道、林蔭大道、公共建物之基地	紐海芬市		公共建設委員會	
紐約州，1914年，第300章	設置、拓寬、延伸、遷移公園、公共空間、公路或街道	雪城市	議會要求市政工程師提出所有的土地徵收計畫	議會依條例	超過興辦設施所實際需要的土地，條件是剩餘土地不得超過設施旁形成適合建地的面積
紐約州，1915年，第593章	任何為了公共目的之超額徵收	紐約市，透過估價與分配委員會實施			超過設施所實際需要的土地，條件是剩餘土地不得超過設施旁形成適合建地的面積
蒙特婁憲章，1913年，第421號	「任何市政目的」	蒙特婁市，市議會依理事會的委員報告實施			「超過目的所需要的不動產或部分不動產」
安大略省法，119章，第12號，1911年	開闢、拓寬、延伸、拉直街道、設置公園或遊戲場	多倫多市			這類街道、公園、遊戲場200英尺以內的土地

超額徵收的法令規定（續）

法令	土地取得方式	剩餘土地的處置方式	剩餘土地的未來使用限制	轉售的方法	轉售收益的處理方式
紐澤西州，1870年，第117章	購買或徵收，取得土地所有權及實質擁有	「配置、劃分該土地和建築基地……成為適當的空地與地塊，而且廣告及出售時必須是相同的」		「宣傳並透過公開或私人買賣途徑出售，取得最高價並獲得最有利條件，買賣得視情況而延後」	「所有買賣價金與擔保必須以市長等名為名」，尚若必須存入買價基金」，倘若其收益足以產生盈餘，此盈餘將按比例分配給土地被徵收的所有權人
俄亥俄州，1904年，成文法註解第2章，頁755	佔用、取得、持有	轉賣	「轉售時須簽約，規範未來土地的使用，以此來保護公共建物及周遭環境、保存其視野、外觀、採光、空氣品質、公共建物用地之效用等」		
維吉尼亞州，1906年，第194章	「以購買、贈與或徵收取得的土地」	「處分所取得的土地」	「規定其使用限制，以保護這類公園的外觀、效用、效率或便利性」		
康乃狄克州，1907年，第61號	「佔用、取得、付費持有」	「得轉讓任何此等不動產」	「有或沒有針對這類不動產未使用與持有方式的規範，以此來保護這類公共建設及周遭環境，保存其視野、外觀、採光、與公共建設之效用」		
賓夕法尼亞州，1907年，第315號	購買、取得、徵收、使用、佔用	轉賣	「在轉賣契約中針對土地未使用進行規範，以此來充分保障這類公園等及周圍環境、保存其視野、外觀、採光、空氣品質、公共品質、公共健康、效用等」		「這類被徵收土地的收益必須存入該市的市庫，而且受該市之市議會的整體分配」

法規	方式	處置條款	保留／限制條款	其他
馬里蘭州，1908年，第166章	購買或徵收	轉售這類毗鄰土地或房產	「後續的保留用途與使用月限制，凡有利於保護這類公共建物群或促進或增進這類效用，或以任何方式促進公共利益，或確保保濱海岸道之類設施的效用，或以任何方式達成應已完成或需達到的目的或服務公共利益」	收益需經整體分配
威斯康辛州，1909年，第162章	贈與、購買或徵收	「得轉讓不須用於公共建設的不動產」	「保留這類不動產的未來用途，以此來保護這類公共工程與設施及周邊環境、外觀、光線、空氣品質、公共建設與福祉」	
威斯康辛州，1909年，第165章	購買、收購、取得、使用、佔用	「公共建設完成後轉售這類相鄰地產」	「對其上的建物和其用途的限制，以為日後妥善保存之」……「得包含前述基地符合公共目的之保護措施，如保存視野、外觀、光線、空氣或整體效能及其他」包含這類限制對合約應對所有權人及其受讓人有約束力	
威斯康辛州，1911年，第486章	贈與、購買、徵收	「管理、控制、治理、改善、細分、再細分、標繪、根據市議會之前批准的權限抵押借款、賣出這類土地或部分地塊」	「為了將徒道或公路改建為景觀道路或林蔭大道，必須加諸限制或保留用途，以保護其與周圍環境、保存景觀、外觀、光線、空氣品質、健康和效用」	
紐約州，1911年，第776章	收購	「該土地受到重劃、再分類或因應權利、用途或建設，得由市政府施而調整後，處分之」	「經理事會評估適合實施的限制，以促進便利性、使用活化該公共建設」	

超額徵收的法令規定（續）

法令	土地取得方式	剩餘土地的處置方式	剩餘土地的未來使用限制	轉售的方法	轉售收益的處理方式
麻薩諸塞州，1912年，第186章	付費取得	使用拓寬街道所必需的部分後，城市得出售利餘地以獲利	「有或無適當限制」		
麻薩諸塞州，1913年，第201章	付費取得	經市長同意後，街道委員根據契約出售或轉讓剩餘土地以獲利	「有或無適當限制」		
麻薩諸塞州，1913年，第326章	付費取得	賣掉不需要的部分以獲利	「有或無適當限制」		
麻薩諸塞州，1913年，第703章	付費取得	賣掉剩下的部分以獲利	「有或無適當限制」		
麻薩諸塞州，1913年，第778章	付費取得	賣掉公共建設不需要的土地			
奧瑞岡州，1913年，第269章	付費取得、購買、徵收、使用、佔用	市政府得將授權出售不需要的土地	轉售契約上的限制將「充分確保這類公共廣場等及其周圍環境，保存其景觀、外觀、光線、空氣、健康和效用」	市政府必須在公布土地出售訊息後，接受密封投標。得拒絕任何或所有投標，並重新公告	支付過去的利息與已因設施發行債券的本金。盈餘由市政府公園部門運用
康乃狄克州，1913年，特別法第243條	購買並持有	「徵收取得，但不需用於設施的土地得被轉讓或給予產權」	「有或無針對未來使用或佔用這類不動產的保留用途」		

紐約州，1914年，第300章	徵收 關於徵收有詳細規定	在設施取用所需土地之後……城市得出售或租賃剩餘土地		所有轉售或租賃的收益將用於支付債券，以彌補取得多餘土地的支出
紐約州，1915年，第593章	收購 關於賦予所有權給被徵收土地有詳細規定	「市政府取得持有或使用土地，或者根據大紐約憲章的規定出售或租賃之」	「這類限制……關於建物的地點與為了公共建設所徵收土地的關係，或者建物或結構物的高度，或者構造和建築的性質，或者其他適當的約束、條件或限制」	收益專門用於支付興建該公共建設的支出
蒙特婁憲章，1913年，第421號	雙方同意得或徵收	轉售		收益完全或部分用於支付剩餘土地或公共建設支出
安大略省法，119章，第12號，1911年	「購買、或不需經過所有者同意」	「公司必須在七年內，或經市議會副州長同意延長時間，出售及處分設施所不需要之土地」		

究竟超額徵收計畫該不該委託某個特殊的政府機構來執行，應該可以不用再討論了。要執行這些計畫非常困難又複雜，但這一切繁雜難題基本上並不是超額徵收的事業計畫所獨有的，其他公共建設事業也有類似情況。假如有經過仔細與明智的規劃，似乎也沒有理由不能讓平時負責公共建設的市政單位或部門來執行。幾個案例中，規劃委員會本身都有被授權執行自己的計畫方案，[17]但多半由常態性的行政機構來執行。或許可以明智地賦予規劃委員會監督的角色，監管自己所提出的方案如何執行。經驗會顯示哪種方法的效果比較好，唯一的推論就是，為了這個目的特地創一個全新的機構，似乎並不會產生明顯優勢。

就算決定好該由哪個市政機構來行使規劃的權力、通過並執行超額徵收方案，其實都還有很多待解的界線問題，這就像是用一般法來規範城市運用超收政策的權力，究竟該限制到什麼地步。

首先，城市可否運用超額徵收在所有的公共建設建設？前面說過，賦予這個權力的憲法條款不應該試圖鉅細靡遺的列舉施行的計畫種類。基於前述的同等原因，相同的規則也應該適用於賦予超額徵收權力的法令。[18]只要市政府判斷適合，應該要能為同樣的目的來自主裁量實施徵收政策。有些人認為，只要超額徵收能在美國安然度過實驗階段，這個法令就一定能夠順利實行。

下一個問題是，市政府應該如何取得超過實際需求的土地？或許一開始，所有人都認為市政府必須獲得所有徵收土地的收益。或許有時市政府為了某些目的，只明智地徵收地役權。然而，實際上假如市政府只能取得剩餘土地有條件的產權（conditional title），基本上不可能執行超額徵收計畫。大部分憲法條文和法

律都能夠接受這一點，條文中有明確規定市政府就是應該從徵收土地中獲益。

當然，土地本身是透過強制徵收取得的。超額徵收的確不需要產生新的徵收程序，也沒有任何案例企圖這麼做。市政府徵收超額土地的方式，與徵收實際需要的土地的程序是一樣的。不過認清事實也很重要，也就是超額徵收必須動用到強制徵收權，而且規模前所未有地龐大，因此，徵收土地的缺點在這些大規模的事業裡會更加放大。亂無章法的程序用在最小規模的徵收已經夠糟糕了，但當用在超額徵收土地，就成為財務的黑洞和令人無法容忍的不公不義。美國有很多城市已經浪費很多時間在漫長的土地徵收訴訟上，很多錢消耗在法律程序的支出和超額的補償金。想要實施超額徵收，不該是城市改革此機制的唯一理由。

幾乎不必再多言，市政府應該要能夠透過贈與、購買或交換既有土地來取得剩餘土地，這幾種情況都不需要靠市政府施行超額徵收。另外，幾個城市都擁有以這種方式得到土地的權力，這些權力可能被認為是附帶於超額徵收土地的權力，而且即使沒有文字的特別說明，卻都被視為更廣泛的超額徵收權力範圍。但還是在一般法裡，明文指出市政府會透過徵收、贈與、購買或交換取得剩餘土地，這樣才是無庸置疑的明智作法。[19]

上面曾提到，根據目前的憲法規則，州議會不該限制授權城市徵收的超額土地數量，只有經由實驗，才能判斷這個限制是否必要；再者，假如有必要，應該具備什麼樣的屬性。很難決定州是不是該接著對城市加諸具體的限制。若反對由上而下強加諸於州的限制，應該也要支持市政府享有同樣的自由，但是各州應該不會樂見州內城市完全不受控管。弊端和疏失出現在實施超額徵

收的城市的情況，比出現在單純授權徵收的州議會來得更高。因此，州必須得對該州的城市會超額徵收的土地數量設定一些外在限制。那麼，該設定什麼樣的限制呢？

關於城市徵收剩餘土地的數量如何受到各州和各市政府的限制，前面已明確提過兩種[20]。它們之間的差異，或許是基於各地準備以超額徵收來解決的問題不同。法律規定市政府所徵收剩餘土地的數量，只能夠在公共建設旁的毗鄰土地形成適合的建築基地，這種觀念是要把與超額徵收權用於公共建設周圍的土地進行重劃，以此來處理殘餘地的問題，並由此促成街道的適當發展。對催生紐約法的人來說，這似乎是他們最優先考量之處。另一方面，規定城市所徵收到的超額土地的明確深度[21]，以便形成完整的區域，這似乎與兩種想法有關：第一，保護設施的美觀、高度、空氣品質和視野；第二，確保公庫能夠從新建的公共建設所造成的土地增值獲得預期的利益。前幾章已經作出結論，也就是超額徵收不該被公權力單純用來賺錢。因此，問題就縮小到如何對被徵收的超額土地規定限制，足夠寬鬆以保護設施的美觀和效用以及適當的建築基地分配，但也不能籠統到容許弊端出現。

一些人反對市政府對於徵收的超額土地限制有明確的深度數字。第一個反對的原因，就是到底要怎麼決定那個限制的數額？多個州都通過法令，各規定限制為125英尺[22]、150英尺[23]、160英尺[24]、200英尺[25]、300英尺[26]。到底哪個應該被納入一般法當中呢？第二個反對這種限制的理由，是它缺乏變通性。大多數時候城市徵收設施兩側的土地範圍不會多於兩百英尺，通常不會徵收那麼多。不過，有可能在蓋轉運設施或開發水岸時，倉庫或其他建物所需要的建地深度會超過200英尺。如此一來，一個僵化的

限制就會妨礙甚至拖累城市的建設。第三，對要徵收的剩餘土地加諸任意的數量規定，很可能在該徵收區的盡頭處造成一堆新的殘餘地，因為市政府可以由此避免整個地塊的徵收，而是只針對所需要的部分來進行徵收。

然而，也有人可能辯說，如果市政府只能徵收適當的建築基地，而完全不能徵收多餘的土地，可能就無法適切地保護諸如公園和林蔭大道這類公共建設的美觀和效用。換句話說，這兩種限制都無法完全解決問題。

為了處理這個棘手的情況，下面的討論便是針對超額徵收的土地數量的建議。它可以被視作目前現行二個法規的綜合版本，[27] 在授權下，市政府可以徵收足量的剩餘土地：（1）在公共建設毗鄰周遭形成適合的建築基地；（2）毗鄰周遭的土地得受必要之法律限制或管制，以適度保護該建設的美觀、採光、空氣品質、視野或效用。根據第一個規定，市政府若沒有打算管制那些未來可能重劃的土地，那麼它可以自由取得街道毗鄰的土地來保障適當建築基地。第二個規定賦予城市權力，可以根據建築限制及市政府的控制目的來決定要徵收多少土地。無論根據哪個規定，市政府所能夠徵收的土地數量都只能基於明確、正當的目的，不過市政府也會被賦予足夠的自由來達成目標。

另一個制定超額徵收法令時的重要問題為，城市要怎麼處理徵收來的剩餘土地？三種可能性當然就是賣掉、出租或交換，但每種作法都會衍生很多問題，需要好好檢視一番。

從行政管理的角度，市政府把持有的土地賣掉或出租沒什麼差別，美國的市政府通常傾向直接把地賣掉，因為它們大都不像歐洲城市那麼有持有或管理土地的經驗。但是，市政府若覺得未

來有機會把部分土地用於公共使用，就可能會偏好租賃而非賣地。但對市政府賣出剩餘土地的相關程序要求和限制，也該比照剩餘土地的租賃。

市政府可能會從三種方式獲得授權，由此來出售或租賃徵收來的剩餘土地。第一點是和買家訂定不牽涉任何公開形式的私契約；第二是經過適當的公告後，把地賣給密封投標出價數字最高的人；第三則是公開拍賣。

第一種方法有三點遭到嚴重的批評。允許城市的公權力以私人契約私下買賣或租賃土地，免於公開競爭，會大開圖利和貪腐之門。失控的權力機構偏袒徇私、濫用特權，沒有什麼比這更打擊行政效能和官員的清廉形象了。前面提過倫敦大都會工程委員會，在處理因為增值利益[28]而徵收的土地時，曾涉及不法情事，顯現出賦予公家單位不受控制的裁量權時，在土地管理方面會產生風險。第二，若私下買賣剩餘土地，因為缺乏競爭對手，市政府無法確定它們所得到的價格是最有利的。最後，這個方法很容易讓剩餘土地的前所有權人失去買回原地的機會，他甚至無法出價讓公部門好好考慮。市政府不應該被容許以一種很可能會被濫用，而且對原所有權人不公平的方法來處置剩餘土地。

另外兩種處理公有土地的方法，也就是公告招標和舉行公開拍賣，後面會再討論。這兩種情況的買賣都有適當的法規防堵詐騙和勾結，透過競爭，正常情況下公部門獲得的價格大概會是土地的真實價格。這兩種方法該擇哪個，大可留給市政單位根據現況去斟酌。一般來說，當要被賣掉或出租的土地是由許多相當低價的地塊構成的話，拍賣可以獲得最有利的結果。詳述控管這類拍賣的法規，應該沒什麼幫助，在這裡只需要談兩個處分超額徵

收土地的重要規定。

　　第一個規定不會引起什麼爭議，只是說假如在密封投標或公開拍賣時，對剩餘土地的出價太低，市政府無法接受的話，應該要有權力取消拍賣，通知重新出價，如此市政府就沒有機會和企圖以極低價購地的人相互勾結。

　　第二個針對出售或租賃剩餘土地的限制，如前所述，是為了保護前所有權人的利益。規定敘明這類所有權人應該要被保障買回前地產的優先權，假如他願意以市政府所要求的最優價格出價，而且買賣的條件也要對市政府最有利。在這樣的條件下，市政府或許可以順利完成超額徵收計畫，也把對私有地的所有權人造成的不便減到最低，也不會損害市政府的利益。[29]

　　需要注意的是，公部門雖然在這種情境中照顧前所有權人，但是並沒有犧牲公共利益。原所有權人支付的土地價格還是很高，對未來使用的限制還是很嚴格，與賣地給其他人沒什麼分別。事實上，倘若原所有權人並沒有期待購回他原有的土地，那麼這樣的特許權很可能讓市政府一開始就可以用更好的價格取得剩餘土地。假如所有權人事前知道有這樣的機會，他所受到的損失就會少很多，而且在許多案例中，很可能被徵收的所有權人就不需要訴諸訴訟，願意把地賣給市政府。

　　然而，此一主張也難逃批評。首先就是這樣的機制會在公部門要賣出或出租土地時降低競爭。假如明確知道原所有權人可能提出最佳出價，就很少人會有興趣在這種況狀下來投標。這個反對的聲音有多大，只能夠透過經驗來得知。不過，不太容易知道為什麼一個真的很想得到某塊地的人不參加競標，即使在這種狀況下。他的出價要和前所有權人相同的機會，與其他人的出價高

於他的機會是差不多的。另外，也不必假設前所有權人都會想要競價。

　　開放這個選項給剩餘土地的原所有權人，可能會遭遇到一個行政困境：假如欲售土地是由多個地塊合併而成，前所有權人有可能是好幾個人。不過不必把這當作主要的困難。可以設計一些公平的制度，因此土地被整併的前所有權人能夠有購地優先權，按照原持有土地的比例決定購地順序，或可以把這塊地賣給出價最高的人。

　　至於容許市政府以交換來處理剩餘土地，就不必談得太多。交換是一種比較簡便的方法，來達到買賣土地的相同目的，並非新的運作原則。一地換一地對市政府和所有權人彼此都有利，原因是市政府手上的剩餘土地換來的地，可能位在同樣的設施沿線，毗鄰市政府的地產，[30]也可能在城市裡完全不同的另一個角落。[31]這類交換必須私下進行，沒辦法保證市政府不會遇到差勁的交易，或者被超收土地的前所有權人的利益有被妥善的保障。基於這些原因，美國城市要採行這種作法恐怕不太明智。[32]

　　另一個待解決的常見問題，即超額徵收法令應該怎麼劃定其界線，這就要根據市政府對於超額徵收土地所加諸的未來使用限制而定。這件事非常重要，因為多數超額徵收計畫的目的都是為了加諸這些使用限制而採行的，它們的屬性與以下幾件事高度相關：完成興辦公共建設的成果、事業的最後財務成果、和部分市民的權益，因為他們擁有那些之後受到使用限制的剩餘土地。

　　考量這些限制非常重要，在任何超額徵收機制當中，究竟該不該採行這個方法，或者應該在某個案例中實踐到什麼程度，應該交給運作整個計畫的規劃委員會來決定。換句話說，超額徵收

計畫的其他部分是如何規劃、通過的，這些限制的擬定和核准也就應該比照辦理。唯一應該強制被納入法律的一致原則，就是這類限制應該要能適當地保護公共建設，而這也就是限制使用的目的。

　　若要深入討論這些限制，有一大部分必須交給行政官員來裁量。當限制的共通原則確立、通過且公告之後，無論個別所有權人的建築計劃有無符合規定，都大可留給規劃委員會判斷。要求未來的建商在實際動工前，必須根據土地的使用限制，提交建設計畫給委員會審核，這麼做可以有效進行管理。

　　因此，賦予超額徵收權力的一般法規，會需要包含一些與財務相關的條文。比方說，此法是否該明定實施建設工程的錢該如何取得？這個問題的答案通常都是否定的，而且美國各州一直假設市政府會自己去籌措超額徵收計畫需要的資金，就如同為了其他目的籌款一樣。沒有其他相關的特定問題被提出，而且也難以確定是否需要任何特別的規定。

　　俄亥俄州已經把一條有趣的規定併入於超額徵收的憲法條文，內容是關於市政府以信用貸款來興辦超額徵收收計畫。除了授權徵收超額土地，條文款項如此敘述：「得發行公債，以支應全部或部分為了超額土地的徵收、或以其他方式取得公共建設與超額土地的資金，而且公債不應該成為市政單位的負債，或被納入於任何限制公債債務的法律。」[33]採用這條規定的憲政會議似乎不加思索地就接受了委員會對市政府的說法，沒多作什麼討論。[34]如此貧乏的討論，與考量不周的條款一樣，似乎點出提案背後隱藏的兩件事：第一是這種規定很可能避免超額徵收作為投機之用，由於市政府並非必定申請得到一般信用貸款，也不擔保

這種目的或利息支出所發行的債券，只有在投資大眾認為市政府企圖啟動的事業是安全且有能力獲益的時候，債券才會被視為穩當的投資。倘若市政府企圖啟動任何欠缺考慮的超額徵收方案，一開始就會遭受挫敗，因為會很難賣出用來資助興辦事業的債券。第二個可能促成限制的考量，是因為這類安排會讓已經逼近舉債上限的市政府可以再募資，以啟動超額徵收計畫，否則恐會因為已達舉債上限而推動不了。忽視舉債上限往往會被合理化，理由是超額徵收事業至少會回本。

要是能看看這個條款實際在俄亥俄州的城市實驗的效果如何，應該會滿有趣的。不過，或許會有一些反對普遍實施此規定的聲音。首先，投資大眾很保守，可能會讓市政府根本推不動其實安全又合法的超額徵收計畫，[35]至少無法保證投資客有相近的能力分辨哪些是高度投機、哪些又是合理的開發事業。審慎的查核有助於市政府避免輕率行動，不過畢竟還是市政府要做最後決定，判斷某個超額徵收計畫是否值得啟動，當決定採行時就不該讓它孤立無援。其次，由於想要讓市庫免於承擔超額徵收的負債，往往就會設定了一個錯誤的假設，也就是市政府應該永遠不要投入不賺錢、或是無法回本的超額徵收計畫。假如城市實施超額徵收的唯一目的是為了賺錢，這樣的假設就很合理，但公共建設旁很可能會有妥善的重劃，或對公共建設的美觀和效用善盡滿意的保護，其所產生的公共利益極大，因此市政府縱然是在虧損的情況下，其實仍然可以實施超額徵收來獲取這些成果。

最後，萬一在實施超額徵收的時候，一開始以為能有很好的財務效益，最後卻造成市政府虧損，讓無辜的公債投資客來承擔損失，似乎有點不符合正義。市政府應該要自己承擔，而非轉嫁

給債券持有人。一般來說，最好能夠容許市政府比照取得其他公共建設基金的方式，獲取執行超額徵收計畫所需的資金。

授予超額徵收權的法律中，有一條財務規定很常見：處置剩餘土地的獲益，必須用於支付開發計畫的支出。這則規定的道理就無需再多說明了，但要注意這類條款本身並不太恰當，因為沒有考慮到實施超額徵收的收益會超過支出。換句話說，沒有針對市政府可能的獲利制定法規。

於是就出現了以下問題：到底要不要對這類收益的處置方法制定特別條例？由於缺乏相關規定，所行多出來的獲利都會直接成為市政府的一般資金，這個安排也許很令人滿意。不過，後來又出現了兩種處理這類計畫的衍生收益的建議：第一個建議是，將超額徵收計畫產生的剩餘收益來抵銷其他超額徵收計畫的虧損。可以藉由創立一個特別基金，讓這類收益成為資金來源；第二種處理方式則是，把這些多出來的錢專用於支付公園建設和公共建設。雖然或許沒有明確理由，為什麼這個基金應該被用在某個必要目的而不是另一個，但是由一般法來規定這些錢的使用方式，也許還是有些好處的，像是可以避免在財務困窘的時候施行超額徵收，以此來賺取一般支出所需要的花費。任何的濫用因此可以適當予以避免，這也使得市議會可以分配所獲得的利益，並將其運用於那些經由城市規劃委員會所同意的公共建設計畫之上。

在此做個總結，倘若州要訂定一般法規，並將超額徵收權授予州的地方公共機關，那麼其必要條文可參見下列的簡要大綱：

一、政府機關運用超額徵收權

1. 擬定或批准實施超額徵收的計畫
   a. 特別規劃委員會
      當然成員：市長、市政工程師等；選擇性成員—常態顧問
      無黨派色彩
      長期
      局部輪替
      公部門：啟動計畫、對所有計畫擁有否決權

2. 通過計畫：
   市議會；規劃委員會

3. 實施計畫：
   公部門通常會在規劃委員會的監督下，被委派該工作

二、指導實施超額徵收權的規定

1. 實施目的能適用於所有公共建設
2. 取得剩餘土地
   a. 所有地產都付費收購
   b. 取得方法
      徵收
      購買

贈與

　　交換

c. 所徵收剩餘土地的數量在公共建設旁足以形成適合的建築基地；此外，為了讓毗鄰地能夠被明智地利用，得加諸限制條款來予以規範。

3. 處分剩餘土地

a. 處分方式

　　出售

　　租賃

b. 市政府處理剩餘土地的限制宣傳招標或公開拍賣。假如標金太低，可以取消買賣。前所有權人有機會買回原土地，價格等同市政府獲得的最有利金額，也需符合對市政府最適合的情境。

c. 為了保護公共建設的適當使用，而對未來土地使用的限制。一般規定由規劃委員會制定、並經議會通過。確實恪守各項限制，要求建商事前繳交計畫，交由規劃委員會核准。

4. 財務規定

a. 針對發行債券沒有特別加以規範。

b. 將出售剩餘土地的收益用於興設公共建設的支出。

c. 規劃委員會核准實施超額徵收的公共建設計畫，其獲益由市議會來分配。

　　以上建議並非最終定案，它們大都是事先想像可行的運作方式，不過也都是審慎評估過現行超額徵收權的種種法規，才會羅

列出上述內容，希望它們有助於開啟相關問題的討論。在上述法案內容的建議下，超額徵收土地的權力是以一般法的形式出現，並受到很少的限制，這並不是因為沒有認知到這個權力與其他權力一樣，容易被濫用，而是因為超額徵收的真正優點，也就是當它作為美國城市的一般政策時，必須透過公平的試驗來予以證明，而唯有市政當局實際操作過，發現這是一個有彈性的工具，即使應用在一個有點異常又帶有投機性質的事業上，也可以因其應需求和緊急情況而調適。倘若這套機制合用，就會得到最好的結果；假如它會失敗，也是因為其本身結構性的缺陷，或者它不適應美國的市政條件，而不是因為不適當的授權而將其扼殺。

註釋

1　俄亥俄州、紐約州、麻薩諸塞州、威斯康辛州、羅德島州。

2　賓夕法尼亞州、紐澤西州、加州。紐澤西州和加州的提案在投票後被否決。

3　馬里蘭州、維吉尼亞州、威斯康辛州、賓夕法尼亞州、康乃狄克州、紐約州、奧勒岡州、俄亥俄州、紐澤西州。

4　根據城鎮計畫法案的第一版草案。由渥太華管理委員會之委員提供。

5　出自此聯盟的「模範章程」，預備草案。

6　威斯康辛州、俄亥俄州。

7　由於提出的修正案沒有在下一次普通法院的審理中通過，之後便沒有再呈給人民複決。

8　紐約州（1911）、俄亥俄州（1912）、威斯康辛州（1914）、加州（1914-15）、賓夕法尼亞州（1915）。

9　紐約州、羅德島州、紐澤西州（被否決）、麻薩諸塞州（1911）。

10　俄亥俄州、威斯康辛州（1912年通過，1914年被否決）、紐約（1911年被否決）、加州、麻薩諸塞州（1914）、賓夕法尼亞州。

11　參見頁257及其後頁。

12 參見上文，頁102。

13 賓夕法尼亞州（1907）、馬里蘭州（1908）、威斯康辛州（1909）、紐約州（1911、1914、1915）、奧勒岡州（1913）。在維吉尼亞州（1906）、麻薩諸塞州（1912，第186章；1913，第201、326、703章）和多倫多（1911）則沒有提到這一點，顯然是想把決定權交給議會。俄亥俄州修正案授予所有城市超額徵收權，無論是否為地方自治（home rule）。地方自治的城市可以在其各自的憲章裡處理行政問題，其他城市則要透過市議會來解決這類問題。

14 麻薩諸塞州（1913，第201章）、紐約州（1914）。

15 紐澤西州（1870）、康乃狄克州（1907）、威斯康辛州（1909、1911）、蒙特婁市（1913）、渥太華市（試行法，1914）。

16 參見上文，頁54及其後頁。

17 在紐澤西州（1870）、康乃狄克州（1907）和威斯康辛州（1909、1911），只要不妨礙任何運作中的市府例行部門，議會可以授權給委員會。

18 參見上文，頁243及其後頁。

19 美國關於超額徵收的法條目前沒有授權城市以交換來取得剩餘土地。雖然交換權與購買權沒有差很多，但這牽涉到市政府處分土地的權力，若是前者，市政府在很多情境下無法有此權力。有權賣地的市政府很難看出它們為什麼無法以交換來替代，雖然交換可能需要訴諸買賣的正式手續，其原則是相同的。最近英國的法令明確批准不涉及金錢往來的交換。1899年倫敦郡議會（建設）法、1914年林蔭路（建設）法案。整個問題後面會再談到，參頁265。

20 參見上文，頁244及其後頁。

21 1907年的賓夕法尼亞州法規定200英尺；1911年的威斯康辛州法第486章規定300英尺。

22 麻薩諸塞州，1913年，第703章。

23 麻薩諸塞州，1913年，第201章。

24 麻薩諸塞州，1912年，第186章。

25 賓夕法尼亞州，1907年；麻薩諸塞州，1913年；第778章；俄勒岡州，1913年；安大略省，1911年（多倫多市）；渥太華市，1914年（試行法）。

26 威斯康辛，1911年。

27 紐約，馬里蘭。

28 參見上文，頁164。

29 參見上文，頁116及其後頁。

第六章

30 如最近執行的倫敦林蔭路建設的地塊交換。參見上文，頁199及其後頁。

31 多年前，費城以超額徵收權取得一塊面積約三英畝的三角形地塊，位置在33街和瑞吉街（Ridge Sts）之間。這塊地形成很有價值的建地，市政府後來把這塊地換成羅伯特哈洛街（Roberts Hollow）75英畝的地來蓋公園。

32 近期倫敦的林蔭道建設（參上文，頁199）採取的措施遭到批評，原因是公權力打算以徵收地換取其他需要的用地，而部分土地在所有權人抗議下仍強行被徵收。換句話說，為了要讓一個所有權人滿意，市政府得驅趕另一個所有權人。

33 俄亥俄州憲法，第18條第10節。

34 《文件與爭論》（*Proceedings and Debates*），俄亥俄州憲政慣例，1912年，第2卷，頁1448、1458-1459。

35 公共建設債券若僅是以公共建設的財產作為擔保，而非是以城市的整體信貸作保時，就經常發生這種情況。

第七章

超額徵收的合憲性

　　進入超額徵收的合憲性討論，也是在探討美國特有的課題。[1]
歐洲各國與加拿大各城市的超額徵收支持者，只要說服立法機構
採取這個制度多麼方便有效即可；但是在美國，超額徵收的案子
則得先經過議會，然後再上法院討論。事實上，此一制度在美國
的支持者遇到的最棘手問題之一，就是要應付議員和法官三不五
時質疑超額徵收的合憲性。本章正是要來檢視這個合憲性的問
題。

　　其實從一開始就能預見，美國法院對超額徵收的態度不會很
友善。這個政策算是強制徵收權的寬鬆版，本身就很可能成為司
法質疑的目標。超額徵收權是「國家最高的統治權之一，特別強
烈且經常是惡意地針對一般的財產權。」[2]使用超額徵收權自然
要受到法院嚴格的審理，它的實施受到許許多多的限制，以保障
個別市民的權益不被肆意侵犯。要看超額徵收權的合憲性，就不
能忽略規範強制徵收權的通則，因此在此討論這些原則是非常適
切的。

　　美國的強制徵收法律，與其他地方一樣有一項重要規定，也

就是所有因為徵收而被取得的土地都必須被支付費用。憲法修正案第5條條文：「私有地不應在沒有公正補償的前提下，因公共使用而被徵收」，中央政府因此必須遵守。而各州也按其各自的憲法受到類似條款的約束，同時也必須遵守修正案第14條，禁止在沒有公正補償的情況下強制徵收私人土地，像是沒有正當法律程序就進行徵收。[3] 無論如何，沒有任何跡象顯示超額徵收可以推翻這項基本要求。

美國的強制徵收法令第二個重要的原則，是從方才討論過的司法規定裡發展出來的：禁止在缺乏公正補償的情況下，徵收私人土地作公共用途，這已經進一步被法院擴充為無論有沒有公正補償，都禁止徵收私人土地作私人使用。[4] 換句話說，強制徵收取得的土地只能作為公共使用。

強制徵收法的原則相當明確：私人土地因特定用途或非公共原因被徵收時，就要靠法院來解決爭端。有鑑於此，「公共使用」（public use）這一名詞的定義必須釐清，並非根據法典書籍，而是要從判決裡找。[5]

然而，若想找到法院對「公共使用」這名詞的清楚解釋，注定會徒勞無功，得到的可能會是混亂與衝突，而非共識或甚至任何相似之處。其中一個法院這麼說：

凡曾提交給法庭的問題當中，沒有哪個問題比起「公共使用」一詞的意涵引起更加多變且分歧的辯證，各州憲法關於強制徵收權的規定就是如此的莫衷一是。[6]

之所以會這樣，是因為何者屬於或不屬於公共使用，顯然不

是一個絕對的事實，而是相對的意見，總會有人不同意。或許是基於這個理由，法院始終盡量避免給予該詞彙一般的定義，而是因應具體的問題，來決定私人土地被徵收的目的是否符合憲法條文規定的「公共性」。換句話說，「公共使用」就如同「正常法律程序」（due process of law）一詞，其意涵相較於最初出現這些名詞時，都是經過逐步的司法包容和排除的過程。它的意涵只能透過個案列舉方式來予以解釋，第一，對於某些具體的個案是具備公共性，第二，但是對於另外的一些個案而言則是不具備公共性。

　　法院不願聲明「公共使用」一詞的一般定義，也因此賦予了這個名詞彈性，得以擴充為其他意義。詞意的擴大解釋，這讓強制徵收權有機會進行許多新型態的社會控制，不同的條件和新需求因而能夠被滿足。本研究沒有打算要詳細回溯「公共使用」詞意如何逐漸寬鬆，不過，稍微了解這個概念是怎麼被調整來因應不同的情況，有助於了解為何美國最高法院的法官在1847年宣布說，沒有先例和論據可以合理化強制徵收土地來蓋法院、醫院或監獄，「似乎沒有任何可以合理解釋如此激烈手段的必要性」[7]，相較於麻州法院，後者最近通過徵收地役權限制建物的高度，以保護公園的美觀、採光和空氣品質，主張：

　　那些被認定具公共性的使用方式，由此結合了立法權迫使個人放棄其地產以換取補償，以授權或直接徵稅來支付補償的情況，會隨著人們的教育與教養程度的提升而越來越擴大及延伸。[8]

　　法院過往試圖具體定義「公共使用」的案例，早已堆積如山，

大致上可以分成兩類。第一類決議將「公共使用」解釋為「為公眾所用」。根據此解釋，公眾或達到一定規模的人數，較有機會實際使用被徵收土地的權力，如此一來，實施一般的強制徵收權就合情合理，公路、公園、遊戲場和公共建築基地都可以為全體人民直接所用。這類「公共使用」的詮釋受到眾多機關的支持，法律圈中一位最知名的評論人也對其表示贊同。[9]它具有四個優點：第一，這個定義賦予此名詞一個很合乎情理且清楚的詮釋；第二，此定義的歷史悠久，因為「公共使用」這個詞一開始出現時，就點出了強制徵收的真正用處；第三，它符合以下的成熟信念：對於會損害私人利益的強制徵收權，必須嚴格地來解釋；第四，「這是唯一賦予文字力量，能夠用來規範強制徵收，或是使得強制徵收能夠具體地施行。」[10]

支持「公共使用」等同於「為公眾所用」的種種論點，並非放諸四海而皆準。另一種詮釋在很多地方也很普遍，也就是視「公共使用」為公共利益或對大眾有利。如果希望法院支持實施強制徵收，以在某人的土地上開一個灌溉渠來使鄰居受惠，[11]或為了讓空中纜車經過某人的地，好把礦石從礦場運到集散地，[12]那麼似乎就需要讓「公共使用」一詞適用在更多種的情境下。前述這兩種個案，所徵收的土地或產權其實並沒有為公眾所用，也無法被如此使用。整個地區的灌溉系統，或當地的自然資源發展，與運用強制徵收權的能力很有關係，假如私人土地是基於有助於整體公眾利益的原因被徵收，那麼這些作為的合法性就沒什麼問題。這是一個比較自由派的觀點，而愛達荷州的最高法院充分說明了這個觀點：

假如徵收有助於拓展資源、增加產業能量、促進該州某區多數住民的生產力，或者帶動城鎮發展，為私人資本和勞力開拓新的運用管道，這些效果都能對整體社會的繁榮產生間接助益。[13]

這樣的原則必須獲得認同，尤其某些州的自然資源需要強制徵收權的介入以達成適度開發，但「為公眾所用」的定義可能狹隘了一點，致使無法適用。[14]然而，此「公共使用」的原則在其他地方的接受度普遍不高，而且很可能也無法代表官方的觀點。

從強制徵收法律的一般原則來看，超額徵收的合憲性必須要先解決。公部門徵收剩餘土地的使用，是否會被法院認定具有公共性？法院這一關決定該政策的存亡。在進入一般原則的討論或針對這點下結論之前，先簡單談談幾個法院通過的超額徵收法令案例會很有幫助，無論該法令是附加條款或直接通過。

美國第一個針對超額徵收的合憲性發聲的法院，似乎是南卡羅來納州的最高法院，案由為「唐恩控告查爾斯頓市議會案」（Dunn vs. City Council of Charleston），在1824年裁定。[15]1817年通過的州法規賦予查爾斯頓市議會最起碼的徵收殘餘地的權力，規定市議會在拓寬街道時，得在所有權人同意的前提下購買「面對這類街道的空地」；假如所有權人不願意，或他開的價格太不合理，議會有權以仲裁委員會所訂定的價格來徵收這些空地。[16]查爾斯頓市議會根據這條法律的授權，徵收了唐恩所有的土地，一部分作為街道，剩下的地則賣掉，「包含一大塊值錢的空地」，售出價格是付給唐恩的兩倍。唐恩向法院提出上訴，要求明令遏止這種侵犯個人權益的作為。

南卡羅來納州最高法院認為，這個案例代表兩個問題：首先，

「1817年的法令是否授權市議會向原告徵收超過拓寬街道所需要的土地」，第二，「假如是的話，州的立法機關在授權時，是否有超過其憲法權限範圍」。

針對該法令所受到的質疑，法院承認「如果我們只考慮法律的字面意義，那麼就可以同意市議會所努力的建設……這是恪守法令的表面意思，僅是遵循其字意，但是我們必須更探究法律的精神和設計。」接著法院詳細說明了「宗地」（lot）這個字眼的可能意涵，「『宗地』一詞的意義很模糊，說到地段（town lots），通常是指市鎮的某個特定區域，但並不確知具體的土地數量。」從這點出發，經過一番複雜的推理，審理的法官很快就做出結論，而且顯然早就已經下定決心：「這個建設非常符合州立法機關的看法，它也與法律的真實精神與設計是最一致的，因此可以賦予市議會權力，徵收開闢街道需要的土地數量或這類宗地，但僅限於此，不得超過。」

再看第二個問題，也就是經州立法機關賦權來徵收殘餘地的法令，其是否有效？法院宣稱真正的問題是「立法機關是否有憲法的權利，用來剝奪某人的財產，並將之移轉給另一人或法人團體，以獲取個人利益和薪酬」。」這個問題的答案是公認的格言，也是進步的，因為問題本身很容易回答。州憲法規定「除非由與其地位相同的公民所組成的陪審團裁決，或根據基本法（law of the land），否則自由人（freeman）不應被剝奪其所有權、自由及基本人權，或受到禁止、驅逐，或以任何方式傷害、剝奪個人生命、自由和財產。」所有評論人皆同意「基本法」是要用來制衡絕對專制的權力。這是因為憲法本身是建立在普通法和共同正義的特定原則之上。

任何偏袒立法（partial legislation）所得到的法令，像是壓迫特定個人但沒有為社區帶來利益，這不屬於基本法……奪取某人的土地並將之給予他人，這與社會正義和一般法的永恆原則相違背，這些原則自古以來即具有普遍同意的神聖性，它們也以憲法的簡明語言保障之。而這就是該法令的效力會遭到質疑的原因。

簡言之，法令賦權允許徵收超過實際需求的土地，該徵收行為必然和基本法衝突，或者以現代的話來說，違反正當法律程序。法院很有技巧地從這個角度來解釋法條，免得必須宣布其違憲。

授權徵收殘餘地的法令是否為有效，1834年紐約州的最高法院曾做出裁定，也就是「阿爾巴尼街（Albany Street）事件」[17]。1812年紐約州法規定若一部分空地或一小塊土地是公共建設所必須，紐約市政府在評估適合的情況下，可以把整塊地全數徵收。對於那些不須用於特定公共建設的區塊，可以作為其他公共使用或出售。[18]估價和評估委員（Commissioners of Estimate and Assessment）決定延伸阿爾巴尼街，為了闢建街道，必須徵收一條經過三一教堂墓園（Trinity Churchyard）的狹長地塊。根據相關法令，委員會不只徵收街道需要用到的土地，還有一部分位在公路路線旁的教堂墓園的土地。對於徵收多餘土地一事，三一法人團體（Trinity Corporation）隨即對此徵收權提出異議，1812年的法令效力因此被提交給法院審理。

法庭用一段簡短的話來處理那個問題，這段話短到可以全段引用，而且非常經典，值得一提：

憲法授權徵收私人土地作公共使用，默示著私人土地不應因任何其他目的，從某個人身上被剝奪而轉供他人使用。這麼做違

反了自然權（natural right），即使沒有違反憲法的字面規定，也違背了它的精神，不該受到支持。這個權力帶來很多方便，更大塊的地被徵收，只剩下一小部分土地，不需要作為公共使用，那一小部分土地對所有權人來說沒什麼價值。此類情境中，市政當局理當最有資格來徵收和處理這些地塊和所謂的三角地帶，或許所有權人也默許了這種權力。我不曾聽說任何對此權力的質疑，也沒聽聞在本法庭中，曾審慎的批准此權力。假設某個街道拓寬案的某一端只需要用到該宗地的幾英尺甚至幾英吋的面積，而這塊宗地的另一邊已有一棟高價的建築，無論建物的持有者同意與否，該權力是否依然會被承認且徵收整塊完整的宗地？或者以三一墓園的案例來說，假設委員會認為適合根據法律規定徵收整個墓園，該行為在此案例中看來是符合法律的規定，但沒有人會想到議會會同意授予這份權力。宗地的殘餘數量不該破壞原則。所有權人或許不願意只捨棄幾英尺的地，我認為議會也同樣無力處理私人土地，無論此徵收權施行的單位是英尺還是英畝。因此，在沒有得到三一教堂法人組織的同意的情況下，我認為委員會並無權力徵收該長條地塊。

　　有趣的是，法院直接面對以下的問題：對於殘餘地的附帶徵收，是否可以因為必要土地的徵收，而因此被合理化？麻州最高法院後來雖然是採用這個觀點，但之後卻又予以拒絕，法院的主張即為前述的「宗地的殘餘數量不該破壞原則」。以阿爾巴尼街為例，類似超額徵收的作法都難以持續，而紐約法院後來的判決都是遵循這個個案，[19]其他處理類似問題的司法案件也都很肯定阿爾巴尼街一案的作法。

以上兩個案例所建立的法理，在美國絕大部分的州法院都是同意的，但麻州最高法院卻沒有全部無條件接受。前面已經談了不少1904年麻州通過的《殘餘地法》，[20]此法容許市政府以公共建設為由徵收完整地塊，部分作為公共建設使用，至於那些用不到的土地，則是因為其「不適合用來建築適合的建築物」。但是該法令通過的數年間，並沒有城市施行這個權力，因此其合憲性也從來不曾直接在法庭上被討論。不過就在1910年，麻州最高法院在處理其他議案時碰到了這個問題，當時認定該法律有效。同年，麻州議會根據該州的慣常作法，要求最高法院進一步對容許擴大超額徵收權力的法令，提出針對其合憲性的意見。[21]這個問題怎麼被回答稍後再說，[22]但意見呈交的過程中，法院有時會提到1904年的《殘餘地法》，以來類比和暗示徵收殘餘地是合憲的。議會顯然把殘餘地法視為建設性的建議，因此詢問法院，假如他們試圖制定與1904年《殘餘地法》類似的規定，這麼做到底符不符合憲法。

　　法院對這個問題的回答如下：

　　我們被問到，如果提出的法令包含類似1904年《殘餘地法》第443章第6節的規定，是否會造成什麼不同？根據我等向眾議院（House of Representatives）提交的意見，我們認為這個法令是符合憲法的，在我們看來它算是在合憲的邊緣，之所以這麼說，與提出法令裡特殊規定所陳述的目的沒什麼關係。這個論述的基礎是：首先，公共建設之外不得有徵收行為，除非需要用於公共建設的規劃、變更或定位的部分地產留下的殘餘地，土地被部分徵收後餘下的殘餘地，其面積和形狀皆「不適合用來建築適合的

建築物」——換句話說，只有在殘餘地面積太小、形狀太奇怪而不具有如一般土地的使用價值的時候才可以徵收。第二，只有當判決認為徵收這些殘餘地具有公共便利性與必要性時，才可以徵收這類殘餘地。除非說公共便利性與必要性不構成強制徵收殘餘地的理由，否則該法令就不算違憲。即使市鎮不能徵收公共建設外的土地用來作為投機目的，我們可以想像一塊地產因為必要目的而被徵收，但該地產卻包含了殘餘地，其殘餘的土地面積或太小、或形狀畸零，因而缺乏價值，故以經濟或實用目的或為其他公共利益理由而徵收之，但是這大抵為主要公共建設之土地徵收的附隨及必要徵收。但此徵收原則並不適用於眼前這些問題所提及的更大目的。[23]

　　值得一提的是，這裡提到的觀點，與紐約法院在阿爾巴尼街案例所闡明的法理有直接衝突。阿爾巴尼街案例中，法官駁斥以下論點：強制徵收超過實際需要的土地數量，必然會影響到該徵收行為的合法性；而麻州法院則清楚表示，根據州憲法，大規模的超額徵收是免不了的，除了主要開發計畫徵收實際需要的土地之外，這種小面積、低價值的地塊也會被視為「附帶且合理必要」而被連帶徵收。目前沒有其他司法案件追隨麻州最高法院的觀點。

　　目前討論到的案例，都在探討徵收殘餘地的法令效力，那是近年才在美國各州試行的唯一一種超額徵收制度。不過，在其他的一兩個案例裡，法院已經在評估更開放、更徹底的超額徵收權是否符合憲法。

　　第一個針對更大的超額徵收權問題所作出的司法判決，就是

剛才提到的麻州最高法院的意見。州議會推動的構思計畫，其性質已經在前面說過。[24]在重申波士頓市有必要蓋一條商業大道以及市政府無法透過現行手段打造這種建設之後，州議會提請法院思考以下問題：

　　在依法給予被徵收人因遭受損失的合理補償後，州議會是否具備憲法權力得授權波士頓市或其他州議會所選定的市政府，來規劃這類幹道和後面周遭的街道，不僅徵收必要之土地或地役權，還徵收該幹道雙邊、或幹道與周邊街道之間的上地、或符合目的其他土地？再者，繼而規定個人後續如何使用幹道雙邊所徵收之土地，透過讓與、租賃或協議，適度規範該地的建設以符合原先目的；且該地與建物的使用、管理和控制，皆保障並有效推進前文指涉的公共利益和目標下，這是否合憲？[25]

　　法院的答案是否定的。該構思計畫牽涉到實施強制徵收權和徵稅權，才能完成必要的公共建設。幹道外的土地會不會被徵收作為公共使用立刻就受到質疑。「很明顯，市政府透過持有、控制土地，來為城市獲取收入或利益，這不算是公共目的⋯⋯無疑地，管理、使用這類土地以促進那些占有這些土地的生意人的利益，及提供更為完備設施，讓他們可以做生意和牟利，這些都不屬於公共使用，而是屬於不動產的私人使用。」為了支持這個論點，法院引用了一長串州法院和聯邦法院的判例，主張政府對私人企業的資助不合憲，因為牽涉到動用徵稅權來滿足私人目的。先前的意見裡，有一段經過特別批准的文字被摘錄下來：

促進個人利益，無論是針對財產或企業，雖然其可能連帶促進公共福祉，本質上卻還是屬於私人而非公共目的。無論其結果對社會公眾帶來多少具體好處，即使其相對的重要性，但它已經不再僅只是附隨的。[26]

在評論過許多類似的案例之後，法院最後以這個陳述來具體化其意見：

對於這個問題如果給予肯定的答案，城市將因此可以徵收幹道界線附近某個住戶的家，或者某個老實生意人的店鋪，迫使他放棄自己的土地搬到其他地方，這都只是因為市政府認定其他土地使用方式更能獲利，更能夠促進市民的整體利益。但是，我們確知沒有其他任何實施強制徵收權或花費公帑的案例，可以因為上述理由而被合法化的。[27]

從最高法院收到意見書約莫一個月後，致力於制定合憲的超額徵收法令的麻州州議會，在沮喪下仍不願意讓努力付諸東流，便把一開始呈交的問題形式給改了，希望獲得其他意見。修正後的第一個問題是要問超額徵收能不能用於闢建計畫中的幹道，假如採取超額徵收是為了確保這條公路能夠符合商業行為群聚合作（teaming）的需求，因此紓解周邊街道的交通壅塞，或至少避免增加堵塞的情況，以提升該幹道所在的城市區域的貨運和旅運數量。[28]

這麼做顯然是為了符合公共使用以合理化徵收超額土地，這點正是法院在前一次的意見書的宣告裡所缺少的。不過，此嘗試

最後沒有成功，法院以如下聲明否決了這點：「雖然群聚合作有助於讓各種不同商業活動持續進行，但對我們而言這與街道沿線的土地是否該被城市徵收、還是該留給原所有權人，是沒甚麼關聯的。」

　　州議會提出的第二個修正問題，是詢問如果在現有法令的內容，加上類似1904年殘餘地法的部分規定，是不是就可以保全此法。所提到的規定像是，法院得依待徵收之殘餘地所有權人的請求，指派委員會來決定這些剩餘土地是否真的不適合用於興建建築物，以及該徵收是否符合公共性與便利性。為了回答這個問題，法院開始討論1904年法令的效力，前面已經概述過了，[29]也分辨出該法令與評估中的法令的差別。第二個問題的答案也是否定的，其結果就是1911年的麻州憲法修正案。[30]

　　麻州最高法院更進一步藉由兩個有點類似的個案，來表達對於強制徵收權加諸限制的態度。

　　1912年法令[31]授權一個特別成立的公園委員會徵收沿海地區任何或全數土地，而且可以出售或租賃不須使用的土地，也如同是作為公共建設保留地，並對未來使用方式規定或不規定限制。徵收權和轉售權幾乎完全不受到任何規範，州最高法院後來以缺乏公共目的為由，宣告這些權力無效。該法令本身也沒有提到任何公共性或其他目的來為徵收辯護。[32]

　　1912年，州議會向最高法院徵詢某個法案的合憲性，後來懸而未決。該法案授權家園委員會（Homestead Commission）為開發目的去買地，在上面蓋工人住宅，之後再賣給或租給勞工。法院的答案都總結在意見書的這段摘要當中：

雖然強制徵收和徵稅實施的場合和方式不同，然而其正當性都來自同樣的基本原則，也就是公眾的需要。若符合公共目的，便能合法授權委員會實施強制徵收權。這表示，某個工人的家可能被國家力量徵收，然後再將其交給另一個工人。但是，徵稅權或強制徵收權都還沒有發展到這種地步。[33]

　　上述意見促成了一項憲法修正案提議，並在1915年生效，授權家園委員會為了舒緩人口過剩以及為市民提供住處而徵收土地。[34]

　　普遍實施超額徵收是否合憲的討論也曾在馬里蘭州出現，但馬里蘭州最高法院對此問題的聲明不太清楚。馬里蘭州州議會在1908年通過一條超額徵收的法令，適用於巴爾的摩市[35]，此法授權市政府徵收任何特定類型公共建設的周遭接鄰土地，只要市政府認定其使用應當受到法律管轄，便可徵收之，轉售時得附加有助於管控的限制規範。

　　1910年有一條法令通過，授權巴爾的摩市開闢一條新路，也就是「瓊斯佛爾斯公路開發案」（Jones Falls improvement）。此法令授權市長和市議會「在巴爾的摩市（具體說明其精確位置和方向）闢建、營造和建立一條公路……為所述目的取得公路地基及周邊單側或兩側之土地或其他財產」，規定應當有正式指定的計畫，「位於公路上、公路沿線或周邊的財產、土地等，將一併徵收」，更進一步授權市長和市議會委派「都市規劃委員會」（Commission on City Planning）來負責這條公路的興建事宜。

　　徵收和購地，或者依本法前一節所指稱方式來徵收土地和房產，巴爾的摩市長和市議會擁有此權力，得規劃、開闢、營造公

路，在適當情況下取得財產、土地或周邊地區，該權力部分來自馬里蘭州州議會（General Assembly of Maryland）在1908年會期間通過的法令第166章。

（所提到的超額徵收法令）該法令也規定，根據該法令所徵收的任何土地或財產，除了公路的地基土地之外，巴爾的摩市長、市議會和委員會得出售之，倘若買賣的權力被委派給委員會，那麼其賣地價格、時機、條件皆須按照法規命令辦理。[36]

該法令的最後幾節授權發行債券，按照規定的條件來支付公共建設的費用。

1910年6月，巴爾的摩市長和市議會又通過一個法令，同意發行必要的債券來建設瓊斯佛爾斯公路。在前述1910年法令生效的　年後，此法令也通過了，然而在某次爭取禁令要限制巴爾的摩市販售債券[37]的行動當中，此法令在馬里蘭州最高法院內遭到強烈批評。

以這個案例來說，由於法案關注的對象不只一項，法院在解決這項初步爭議之後，就立刻得決定是否可以為非公共目的來徵收私人土地，而此決定牽涉到錯綜複雜的法律解釋。這裡或許應該引用一段法院的意見書內容。

接下來談到我們對於該法令效力的第二個反對意見，就是在公共使用之外的使用目的，此法是否授權可以動用徵收權來徵收私人財產？

對於這個反對意見的完整回應，對我們來說，應該是此法不允許城市為了公共使用之外的任何使用目的來徵收私人土地。

此法令的第一節陳述城市徵收土地的目的，其中清楚闡明是

為了興建跨越瓊斯佛爾斯溪的公路，以及連接和公路相交的街道，因此徵收公路地基及周邊的土地與房產。

法令中「依所述目的取得土地」這種表達，很清楚地限制並標明城市徵收地產的目的，就像我們之前說的，是為了興建一條跨越瓊斯佛爾斯溪的公路，並且連接和公路相交的其他街道。

換句話說，我們認為土地唯一應該被授權徵收的目的，就如法令的第一節所言：為了興建一條跨越瓊斯佛爾斯溪的公路，並且連接和公路相交的其他道路及周邊環境。因此，不應該產生任何嚴重的糾紛，既然根據法令第一節，需要土地、或者土地被徵收的情境必須符合公共使用目的，此法令便沒有開放讓反對意見可以挑戰它。[38]

因此，法令的其他節不應產生任何有別於此點的結論，或保留任何上訴人的反對意見。該法令其他節提到「徵收土地及其他財產」，明白指涉土地或其他財產必須為法令第一節所述之「目的」方能被徵收。

法令賦予徵收土地或其他財產，無論其位置是鄰近公路、在公路單側或兩側，無論其是為了興建公路和連接路網，法院都應一視同仁其法律效力。[39]

在這個案例中，不該假設市政府會以法令授權之外的其他名目來徵收土地；應該要假定市政府會行使其應有的權力，而不會越權。之後當問題真的出現在面前的時候，應該會有足夠的時間來判斷。[40]

這個案例有兩種意義詮釋，會影響超額徵收的合憲性。第一種詮釋是把此案例當作1908年超額徵收法的完全去勢版本，根據

此解釋，馬里蘭州最高法院採用了類似南卡羅來納州法院「唐恩控告查爾斯頓市議會案」[41]的審理過程，判定此法令合憲，藉此判讀其中究竟存在哪些超額徵收的實權。換句話說，在1910年法令所授予的權力下，能夠徵收超額土地只限於為了興建公路的附帶目的而被徵收的土地，如用於挖填或連接其他道路所需的地。這個看法在法院引用1908年賦予超額徵收權的法令時更被加深，因為法院宣告城市有權為了這些附帶目的徵收土地時，沒有遭受到什麼重大質疑。假如這個詮釋是正確的，那麼賦予徵收超額土地的權力就根本毫無意義，城市本來就擁有這項權力，1908年的法令並沒有多附加什麼。

不過，倒也可以從一個比較不同的角度來看這個案例。1908年的法令被整併到1910年的新法令，因此舊法令的授權視野不夠，也受限於新法令的目的定位。1910年法令實施超額徵收權的目的比較狹隘——「開闢、營造、建立一條公路」——在1908年法令賦予的各種權力當中，只有與達到此目的有關的權力才能施行。假如1910年法令的適用範圍可以寬鬆一點，並不表示其他類型的權力不可能發生，像是為了保護目的而實施超額徵收。換句話說，法院在這之前不曾遇過超額徵收權是否合憲的問題，只問運用超額徵收法令賦予的權力是否得當、是否能完全符合新法令所定義的具體目的。讓私人土地合法被徵收的「公共使用」，並不適用於超額徵收法令下各種徵收名目，而是單獨適用於1910年法令的徵收目的。

一般咸認後者的觀點是正確的。一個州最高法會竟然會用這麼迂迴的方式來廢除一條重要的法令，實在令人難以置信。讀這個案例的意見書，真的感覺不到超額徵收究竟合憲與否的問題有

被好好面對和處理，還是法院就打算任其被如此看待。

　　第一個、也是唯一一個在州最高法院以實際訴訟爭取更寬鬆的超額徵收權的例子，要數 1907 年的賓州法。這條法律的主要特點前面已經提過[42]，規定城市可以徵收公園、林蔭大道或街道 200 英尺內的土地，之後再遵循保護性的限制措施把剩餘土地賣掉。費城是該州第一個運用此法令權力的城市，1912 年 7 月 3 日通過了一條條例，授權徵收新費爾芒特景觀大道周邊的部分地塊，1913 年 1 月 16 日的條例規定這些地塊的販售對象必須是條例中有列名的。受影響的所有權人告上民事訴訟法院（Common Pleas Court），主張 1907 年的法令和兩個相關條例違憲，要求停止土地徵收。[43]

　　下級法庭的薩爾茲伯格法官（Judge Sulzberger）遞交了一份重要的意見書，確認超額徵收法令和條例的效力。最重要的一點當然是公共使用的問題。在引用了許多個案之後，賓州最高法院支持運用強制徵收權來辦理農業和園藝博覽會，因為它認定這些機構具有教育價值，審理的法官指出，

　　假如從市政廳到費爾芒特公園的景觀道路，能夠用來充分展示建築技術和建築藝術的產業成就，這個博覽會便似乎發揮了某些用處，對農業和園藝的藝術也有所貢獻。因為具備實用性，這條大街會吸引國外的訪客，因此對城市的貿易和商業有利，既無損博覽會的教育功能，還加上一層公共用途。[44]

　　法院接著要面對一個公認非常棘手的問題——土地因公共用途而被徵收，但後來卻被轉賣給私人。

這個問題似乎不曾在本州任何案例中被提到過。不過,其他司法案件認定城市可以被授權以強制徵收取得個人土地的地役權(總檢察長訴威廉斯案,174 麻州 476),就算我們不把它當作權威,也不能忽視其中的道理。我們面前的案例是頭一遭,既然無法指出究竟違反了權利法案(Bill of Rights)的哪個原則或憲法的哪個章節,我們便不該狡獪地宣稱州議會逾越了權力。州議會理論上應該以忠誠和智慧來解釋憲法,即使這些解釋必定會受到法院的檢視,也不該被擱在一旁,尤其是一審法院更會仔細審視,除非真的有很明顯的錯誤。我們不能說1907年的法令明顯違反憲法。畢竟,辛辛苦苦把土地徵收到手,然後再按照公共地役權把它賣掉,不如直接取得地役權就好;我們不認為直接或間接取得地役權有什麼關鍵的分別。最重要的還是社會大眾能夠藉由徵收獲得實質的土地以及地役權,雖然它看不見又摸不著……在我們看來,1907年的法令是合乎憲法的。

雖然法院宣布第二個條例無效,因為在轉賣剩餘土地時,沒有具體說明該土地的未來使用限制,以構成徵收該剩餘土地必要的公共目的。[45]

賓州最高法院後來立即再一次接到上訴,特別法庭推翻了下級法院的決議,宣布1907年的超額徵收法和後來通過的條例違憲。[46]在進一步討論這個案例之前,法院提出一個前面曾經提過的問題[47]:即「公共使用」和強制徵收法之間的關係,是否該將其解釋為「公共福祉、效用性或利益」、或者「為公眾所用」。經過詳細檢視相關案例和當局機構,最後法院決定採取狹義的解釋。

我們認為「公共使用」一詞的解釋必須與其樸素且自然的含義一致，也呼應有關當局的深思熟慮，它對州議會和法院都提供了一些徵收私人土地作為公共使用的指引。這個解釋讓州政府和所有權人直接判斷各自之於該地產的權利。假如公共使用被用來檢驗其公共福祉、效用性或利益，就如同市政府所建議那樣，那麼徵收土地的權力將不再倚靠一個固定的標準來引導立法和政府的司法部門，而是憑藉著問題出現時某人的觀點而定。除了州議會或法院對於什麼有助或無助於公眾利益和效用性的個人意見之外，它們對於徵收私人土地作為公共使用的權力並不會受到限制。倘若希望讓這樣的考量更加普及，那麼憲法對私人財產的保障就顯得無足輕重。[48]

若把「為公眾所用」這個解釋用來考驗1907年法令所授權的強制徵收，法院推斷該法令允許為了非公共目的徵收私人土地，也會同意以非公共目的轉售徵收來的土地。

保護公路是這塊地唯一的「公共使用」。法令授予城市徵收土地的權力，但市政府徵收及持有這塊地並非是為了使用它。除了產權轉讓證書上的限制之外，城市不能對其施予任何控制，亦不能因為任何的目的來使用它。城市對待地產的唯一可能「用途」，就是對其加諸限制，或者強迫取得買方手上的地役權。[49]

的確，法令確實允許政府依規定強制徵收市民的土地，但是卻又將該產權轉移給另一個人。法院在其結論中，就針對這一點提出嚴厲的譴責。

本案所指稱的徵收目的是要保護公路，保存其採光、空氣品質等，但如果認定其為合法的公共使用，那麼城市便不得為此目的或任何其他公共目的而持有土地。法令強制市政府必須出售土地，並剝奪它對於該地產的控制或使用權，相關規定必須載明在契約上，但這麼做並沒有解決城市不經同意就從某市民手上取得土地，又轉讓給另一個人的問題。法令沒有規定地產要轉售給原所有權人，若轉售給原所有權人，就可以如此解釋爭議點：徵收的目的是為了公路的利益而施加地役權。但城市以絕對所有權人（fee simple owner）的身分持有土地，想把地賣給誰就賣給誰。如此剝奪了所有權人的權利，被迫接受限制，必須與城市地產的買家以同樣的條件競爭。市政府有權力任其官員轉讓土地，將土地上某個人或企業的工廠，一併轉移給另一個同一業界或其他產業的對象。某人被剝奪了家園，卻成就了另一個人。由於法令的規定賦予了市政府和其官員幾乎無限制的裁量權，要說法律無意造成這樣的結果或促成私有目的，是睜眼說瞎話。[50]

城市依據超額徵收法令所實施的權力，似乎更加獨斷專橫且無理，甚至在地塊被徵收之前，城市和一些垂涎該土地的集團之間早已有私下介入的力量，土地被政府徵收之後，就會被賣給這些集團，讓集團去打造有規模、有識別度的商業街區，成為新公路上的地標。討論中的地塊本身面積很小，不足以符合這種用途，市政府覺得必須轉讓這筆地產才符合公共利益。這些情境加強了法院的論點，認為強制徵收權奪走某人的財產又轉移給另一人。然而，這塊地的持有情況並不算受到這些特定情境控制，意見書所敘述的理由也很廣泛，可以適用於任何土地徵收的情境，就如

同1907年法令所賦予的權力。

即使判決書的意涵通常會出現不同的詮釋，關於前述案例所判定超額徵收的合憲性基礎，多半都已經在法院的陳述裡提過了。現在就來簡單摘要相關論點和結論。

首先，超額徵收權有時被認定違憲，主要原因有三個。第一個原因，私人土地因「公共使用」而被強制徵收表示「為公眾所用」，之後當市政府決定像超額徵收案那樣處理掉徵收來的土地，原先「為公眾所用」的目的就不可行了。[51]第二個原因，縱然不倚賴「為公眾所用」的規定，促進商業和工業發展（比方說透過闢建商業大道）仍然不屬於可以合理徵收土地或徵稅的「公共」目的[52]。第三個原因，無論超額徵收背後的動機是什麼，實際結果就是強徵某人的土地再移轉給另一個人。這麼做「就算不違反字面意義，也違背了憲法的精神」[53]，而且剝奪市民的土地「違背了基本法」[54]。

有兩個原因使得徵收超額土地的權力得到司法批准。第一，由於要保護林蔭大道或公園的美觀和效用，超額徵收需要強制徵收私人土地，以滿足教育和美學目的，這類目的可以構成「公共使用」[55]。第二，徵收殘餘地是一種附帶徵收，其使用是伴隨著必要的用途和公共目的而實施強制徵收權。[56]

顯然法官是從兩個完全不同的角度來看待超額徵收，一派僅檢視超額徵收的眼前過程，而不考慮實施該策略更廣泛的目標，因此只會看到土地因為強制徵收從某人手上被奪走，之後再出售或租賃給另一人。超額徵收的本質排除了被徵收土地「為公眾所用」的機會，而且這種「為公眾所用」是「公共使用」唯一合法的定義。因此，在這些法官眼中，沒有任何一種超額徵收是合憲

的，這個政策天生就有缺陷。

　　另一派的司法觀點則主張採取憲法審查，不是針對實施超額徵收期間的交易細節，而是實施此制度的整體目的。換句話說，超額徵收是一種達到目標的手段，這個措施是否合憲，端看它的目的是否具有公共性。若設想法院把強制徵收得來的土地的「公共使用」定義等同於公共效用或利益，這其實不太精確，因為很多目的都能夠直接促進公共福祉，卻不需要徵收土地。法院保有分辨超額徵收實施用途的特權，可以宣布哪些用途違憲，像是開闢一條商業人道來促進都市商業利益，或者市政府為了牟利而轉賣剩餘土地。同時，他們也沒有排除原本的使用方式，如運用超額徵收來重劃派不上用場的殘餘地，或者為了保護公共建設的美觀和效用。

　　想要預測各州法院會站在上述兩派觀點的哪一邊，不過是毫無根據的猜測，畢竟超額徵收合憲與否的問題從未在各州受到重視。不過，還是有些理由可以推測政府會繼續偏向較狹義且保守的立場。無論如何，超額徵收的支持者都不希望他們的努力不受法院支持，因此正努力為此政策的憲法條文鋪路。

　　即使各州憲法都修正為願意授權超額徵收，此政策的合憲性問題也不見得就此落幕，仍然必須符合美國憲法條文的規定。超額徵收是否違反了憲法第14條修正案的正當程序條款（due process clause）？美國最高法院是否會支持超額徵收法令？

　　法庭會怎麼回應這類新穎的問題，通常很難預料。不過，從幾個類似的案例觀察法院的態度，會發現至少有考慮要如何評估這類法令的有效性。

　　第一，最高法院明確駁斥「為公眾所用」的公共使用之說可

以普遍通用。[57]為了讓州政府的法規授權徵收灌溉溝渠或輸送帶的地役權，由法院來定義什麼屬於／不屬於公共使用以強制徵收土地，這個問題必須要根據各州不同的情況來判斷，才不會因「公共使用」一詞採取狹義解釋而導致綁手綁腳，反而要能明確表達其意圖，並具備充分彈性，以滿足各州處理特殊問題時的需要。

第二，最高法院完全尊重州法院根據個案對「公共使用」的定義詮釋；換句話說，如此一來最高法院會如同州法院在理解這個詞彙時，偏向較為開放的解釋。這個立場可從穆迪法官（Mr. Justice Moody）針對「海爾斯頓訴丹維爾與西部鐵路公司」（Hairston vs. Danville and Western Railway Company）一案的結語裡看出來。[58]

沒有一個法院的徵收案例因違反憲法第14條修正案而被召回，此徵收是由州法院依據法律為了公共使用而執行……但我們無法保證爭議的個案不會發生，因為這個法院可能會拒絕遵從州法院對於所強制徵收之土地的用途判斷。不過，所援引的判例[59]顯示我們在這方面非常聽從州法院的意見，與人民的福祉高度相關……未來仍需要揭露有哪些徵收案的使用目的經過州憲法、法律和法庭同意，卻會受到美國憲法第14條修正案禁止。

據說除了特別明顯的案例之外，最高法院也很不情願宣告某個經過正當程序條款、並由州議會根據州憲法所授權而施行的法令是違憲的。

有鑑於這些事實，似乎可以假設最高法院對超額徵收合憲與否的判斷，會因該政策的實施目的而異。如果唯一實施此方案的

動機，是要確保市庫有機會從轉售徵收來的剩餘土地而獲得利益，那麼就可以更有力地論證，城市的財務需求不能合理構成向某些市民徵收土地的公共目的；以強制徵收來達到這個目的，是對「法律之前，人人平等」的法律保護機制的否定，以此作法剝奪產權也不符合正當法律程序。

不過，根據最高法院截至目前的陳述，似乎沒有什麼會阻止它採取以下的觀點：本來無用的殘餘地必須有效重劃，並適當保護所謂公共建設的美觀、健全和功效，這些目的對於社群福祉至關重要，可以作為實施強制徵收權的充分理由，因此才攬用超額徵收。

註釋

1　W. F. Dodd 教授宣稱超額徵收權在瑞士是不合憲的（*Entscheidungen des Schweiseris-chen Bundesgerichts*，卷31（1905），第一部，頁645）；在阿根廷也是不合憲（Fallos de la Siiprema Corte，卷33（1888年），頁162）。引用自〈政治保障與司法保證〉（Political Safeguards and judicial Guaranties），《哥倫比亞法律評論》（*Columbia Law Review*），卷15，頁306註釋。

2　Currier Marietta and Cincinnati R. R. Co., ii Ohio St., 228, 331。

3　《布萊克論憲法》（*Black on Constitutional Law*），頁471，註釋9，引用案例；另參見 Lewis，《強制徵收》（*Eminent Domain*），第10節。

4　為了私人用途徵收土地，一直被州法院視為違反正當法律程序。美國最高法院主張這類徵收違反第14條憲法修正案的正當法律程序條款，如「芝加哥、伯靈頓和昆西鐵路訴芝加哥市」（Chicago, Burlington and Quincy Railroad Company vs. Chicago），美國166，226（1896）。法庭對本原則所發展的清晰陳述，參見 Howard L. McBain 的「因私人目的徵稅」（Taxation for a Private Purpose），《政治科學季評》（*Political Science Quarterly*），卷29，頁186-188及註釋。

5　Lewis，《強制徵收》，第251節，引用案例。

6 Dayton Mining Co.vs. Seawell，11 Nev 394, 400。

7 Woodbury, J.，見West River Bridge Co. vs. Dix, 6 Howard，頁507、545。

8 Attorney-General vs. Williams，174 Massachusetts 476, 478 (1899)。

9 Lewis，《強制徵收》，見頁257-258，引用案例。

10 Lewis，《強制徵收》，第258節，頁507。

11 Clark vs.Nash, 27 Utah 158 (1903)。

12 Highland Boy Gold Mining Co. vs Strickley, 28 Utah, 215 (1904)。為美國最高法院確認200 U. S., 527。

13 Potlatch Lumber Co. vs Peterson, 12 Idaho, 769。這些案例沒有一個徵收來的土地實際上「為公眾所用」，所實施的強制徵收只是為了讓個人或群體可以經營一個事業，而那個事業可以帶來一般的公眾利益。

14 參見Lewis，《強制徵收》，第257節和引用案例。

15 《哈波法律報告》（Harper's Law Report），189。

16 7 Stat, 136. 第一項條文「每當查爾斯頓市議會認為可以拓寬任何街道巷弄，他們必須先向議會不時指派的委員會的九位委員繳交建設計畫書，倘若該委員會通過並核准建設計畫，市議會應全權購置面向該街道巷弄的土地，這類土地的所有權從買賣契約訂定日起應歸於市議會。」
第二項條文「萬一面向這類街道巷弄的土地之持有人拒絕賣地，或者索求的價格市議會認為不合理，那麼市議會應提名並指派不少於三位產權所有者或市民，提出與所有權人相同的價格，以決定這些土地的實際價值，委員會擁有的完全權力，但倘若無法獲得同意，則可以訴請另一個委員根據上述指定目的來決定土地的價格，並由市議會支付土地的全額。」

17 II Wendell, 149。

18 1812年法律，第174章。

19 Embury vs. Conner, 3 N, Y., 511 (1850) 認為1812年法令在「阿爾巴尼街 II Wendell, 149案」重新被審視，假如要賦權給估價和評估委員會徵收全數土地，其中只有部分土地用於公共目的，其他殘餘地若是獲得土地所有權人的同意，則是屬於合憲行為。阿爾巴尼街的原則被再次重申。此一指導性的判例影響了Bennett vs. Boyle, 40 Barber (N. Y. Sup. Ct.) 551 (1863)。

20 參見上文，頁62及其後頁；第443章，1904年法令。

21 參見上文，頁105及其後頁。

22 參見頁290及其後頁。

23 裁判意見書， 204 Massachusetts 616, 619-20 (1910)。

24 參上文，頁105及其後頁。

25 裁判意見書，204 Mass. 604, 608-609 (1910)。

26 Lowell vs. Boston, iii Massachusetts 454, 46，此法准許波士頓市在1872年的大火後抵押土地來借貸，並將抵押貸款借給房子被燒掉的所有權人，卻被宣判違憲。

27 同上，頁614。

28 裁判意見書，204 Massachusetts, 616。

29 參見上文，頁288。

30 第10條第1部分。

31 第715章。

32 Salisbury Land and Improvement Co. vs. Commonwealth, 215 Massachusetts, 371 (1913).

33 裁判意見書，211 Massachusetts, 624 (1912).

34 修正案內容見1914年法律，頁1056。

35 馬里蘭州法律1908年，第166章。

36 1910年馬里蘭州法律，第110章。

37 Duke Bond vs. The Mayor and City Council of Baltimore et al, 116 Maryland, 683 (1911).

38 引用「公共使用」案例及1908年法令第166章超額徵收法。

39 再次引用案例及1908年的超額徵收法。

40 Duke Bond vs. Mayor and City Council of Baltimore et al, 116 Maryland, 683.

41 參上文，頁283及其後頁。

42 參上文，頁110。

43 Pennsylvania Mutual Life Insurance Co. vs. Philadelphia, 22 Pennsylvania District Reports, 195.

44 同前，頁201。

45 載明在轉讓契約裡的限制被認為效力不足，因法令規定這些限制必須由立法行為來強制施行。

46 Pennsylvania Mutual Life Insurance Co. vs. Philadelphia 242, Pennsylvania State, 47 (1913).

47 參上文，頁279。

48 同前，頁54-55。

49 同前,頁55。

50 同前,頁51-58。

51 Pennsylvania Mutual Life Insurance Co. vs. Philadelphia, 242, Pennsylvania State, 47.

52 裁判意見書,204 Massachusetts, 607;209 Massachusetts, 616。

53 阿爾巴尼街案, 11 Wend., 148。

54 Dunn vs. City Council of Charleston,《哈波法律報告》(S. C),189。

55 Pennsylvania Mutual Life Insurance Co. vs. Philadelphia, 22 Pennsylvania District Reports, 195

56 裁判意見書, 204 Massachusetts, 616。

57 Strickley vs. Highland Boy Mining Co., 200 U. S., 527, 531 (1905);Clark vs. Nash, 198 U. S., 361, 367ff. (1904);Fallbrook Irrigation District w. Bradley, 164 U. S., 112, 159, 160 (1896).

58 208 U. S., 598, 607 (1907).

59 Fallbrook Irrigation District vs. Bradley, 164 U. S., 112; Clark vs. Nash, 198 U. S., 361; Strickley vs. Highland Boy Mining Co., 200 U. S., 527.

參考書目

　　研究超額徵收的過程中，筆者發現這個領域幾乎沒有獨立的著作文獻。建構起本研究的各種資料，並沒有形成幾個大部頭明確的書目類型，而是大量由從各主題領域的書本、文章、報告和文件中擷取的段落、頁面和章節匯集而成，它們各自散落存在時的資訊價值不高，但若能將其彙整在一起，將會是很有價值的，此處將確實有助於理解超額徵收問題的參考資訊彙整起來，並僅列出這些資料、期刊、報告和記錄的類型，裡頭曾經出現一些超額徵收案的片段資訊，應該會有所裨益。

美國的超額徵收

一般書籍

Nolen, John. *City Planning*. New York (1916).

Robinson, Charles Mulford. *The Improvement of Towns and Cities*. New York (1913).

—— *City planning with Special Reference to Streets and Lots*. New York (1916). Chap. xvii.

Shurtleff, Flavel, and Olmsted, F. L. *Carrying Out the City Plan; The Practical Application of American Law in the Execution of City Plans*. *Russell Sage Foundation Publication*. New York (1914). Chap. iv.

Swan, Herbert S. Excess Condemnation; A Report of the Committee on Tazation of the City of New York with a Report Prepared by Herbert S. Swan for the National Mucicipal League. New York, 1915.

期刊、報告、文件與連續性出版品

American City. New York. Published monthly.

American Year Book, The. New York. Published annually.

City Planning Reports. Plans have been proposed for many American cities. Some of the more elaborate ones discuss the application of excess condemnation to local conditions. *Examples of this are: Plan of Chicago, 1909; Comprehensive Plan of Newark, 1915; City Plan for St. Louis, 1907.*

Civic and Art Associations. Annual reports or occasional bulletins. Examples are, *Transactions of the Commonwealth Club of California, San Francisco; Annual Reports of the City Parks Association of Philadelphia.*

Municipal Journal. New York.

Municipal Reports and Documents. These deal usually with local problems. Examples are, *Report of New York City Improvement Commission, 1904,* 1907; *Report of the Commission on the Congestion of Population in New York City,* 1911; *Final Report of Joint Board on Metropolitan Improvements,* Boston, 1911; *Report of Commission on New Sources of City Revenus,* New York, 1913.

National Conference on City Planning. *Proceedings.* Boston. Published annually.

National Municipal Review. Baltimore. Published quarterly.

超額徵收的法律層面

Brief Upon the Constitutionality of Excess Condemnation. Proceedings of First National Conference on City Planning. Senate Document No. 422, 61st Congress, 2nd Session. 1909.

Fisher, Walter L. Legal Aspects of the Plan of Chicago. Plan of Chicago. 1909.

Nichols, Philip. The Power of Eminent Domain; a Treatise on the Constitutional Principles which Affect the Taking of Property for Public Use. Boston, 1909.

Lewis. Johm A. A Treatise on the Law of Eminent Domain in the United States. Chicago, 3rd Edition, 1909.

Warner, John Dewitt. Report on the Scope and Limits of Expropriation; "Incidental" vs "Excess" Condemnation. 1912. Report of the Department of Docks and Ferries of the City of New York.

其他國家的超額徵收

一般書籍

Baumann, Arthur A. Betterment, *Worsement and Recoupment*. London, 1894.

Dawson, W. H. "Appendix E, 1, to Report of London Traffic Branch of the Board of Trade, "*Parliamentary Papers*, 1908, Vol. xciii. Treats of German City-planning Legislation.

Edwards, Percy J. *History of London Street Improvements, 1855-1897*. London, 1898.

Massachusetts. Legislative Committee on Eminent Domain. Report, December 29, 1903. House Document No. 288. A collection of reports upon the operation of excess condemnation in England and France.

Katz, Paul A. *Enteignung und Städtebau*. Berlin, 1909.

Kissan, B. W. *Report on Town-planning Enactments in Germany*. Bombay, 1913.

Nettleford, J. S. *Practical Town Planning*. London, 1914.

Parker, E. M. *Supplemental Report of French and Other Continental Systems of Taking Land for Public Purposes*. 1904. Massachusetts House Document No. 1096.

期刊、報告、文件與連續性出版品

Block, Maurice. *Dictionaire de l'Administration Française*. Paris, 1905.

Canadian Mucicipal Journal, The. Montreal. Published monthly.

Garden Cities and Town Planning. Westminister. Published monthly.

Handwörterbuch der Staatswissenschaften. Jena. 1890-1897.

Kommunalis Jahrbuch. Jeua. Published annually.

Municipal Reports and Documents. Annual reports and statistics. Examples are, *London Statistics; Minutes and Proceedings of the London County Council*.

Municipal Year Book of the United Kingdom. London. Published annually.

Parliamentary papers. Reports and statisties. Published annually. Examples are, *Report of the Royal Commission on London Traffic*, Parliamentary Papers, 1906, Vols. xli, xlii; *Report of London Traffic Branch of the Board of Trade, idem*, 1908, Vol. xciii, 1912-13, Vol. xxxix, 1914. Vol. xi.

Städteban, Der. Berlin. Published monthly.

Town Planning Review. Liverpool. Piblished quarterly.

引用個案表列

Albany Street, In Matter of, 11 Wendell (N. Y.), 149, 60, 285, 287, 306.

Attornet-General vs. Williams, 174 Mass., 476, 91, 279.

Bennett vs. Boyle, 40 Barber (N. Y.), 551, 287.

Chicago, Burlington and Quincy Railroad Co., vs, Chicago, 166, U. S. 226, 277.

Clark vs. Nash, 198 U. S., 361, 300, 309.

Clark vs. Nash, 27 Utah, 158, 280.

Currier vs. Marietta and Cincinnati Railroad Co., 11 Ohio State, 228, 276.

Dayton Mining Co. vs. seawall, 11 Nev., 394, 277.

Duke Bond vs. Mayor and City Council of Baltimore, 116 Md., 683, 296, 298.

Dunn vs. City Council of Charleston, Harper's Law Report (S. C.), 189, 50, 60, 282, 306.

Embury vs. Conner, 3 N. Y., 511, 287.

Fallbrook Irrigation District vs. Bradley, 164 U. S., 112, 308, 309.

Hairston vs. Danville and Western Railway Co., 208 U. S., 598, 309.

Haller Sign Works vs. Physical Culture Training School, 249 Ill., 436, 89.

Highland Boy Gold Mining Co. vs. Strickley, 28 Utah, 215, 280.

Lowell vs. Boston, III Mass., 454, 291.

Mayor and Common on Council of Baltimore, vs. Clunet, et. al., 23 Md., 449, 50.

Opinions of the Justices, 204 Mass., 607, 107, 290, 306.

Opinions of the Justices, 204 Mass., 616, 289, 306.

Opinions of the Justices, 211 Mass., 624, 294.

Pennsylvania Mutual Life Insurance Co. *vs*. City of Philadelphia, 22 Pa. Gist. Reports, 195, 112, 300, 306.

Pennsylvania Mutual Life Insurance Co. *vs*. City of Philadelphia, 242 Pa. State, 47, 112, 302, 305.

Pierre Boulat vs. Municipality Number One, 5 La. Ann., 363, 50.

Potlatch Lumber Co. vs. Peterson, 12 Idaho, 769, 281.

Salisbury Land and Improvement Co. vs. Commonwealth, 215 Mass., 371, 294.

Strickley vs. Highland Boy Mining Co., 200 U. S., 527, 308, 309.
West River Bridge Co. vs. Dix, 6 Howard, 507, 278.

參考書目

國家圖書館出版品預行編目資料

超額徵收：都市計畫?或炒作土地、侵害人權?揭開區段徵收的真相 / 羅伯.庫斯曼(Robert Eugene Cushman)作；賴彥如譯. -- 初版. -- 新北市：遠足文化, 2020.09
　面；　公分. -- (遠足新書；13)
譯自：Excess condemnation.
ISBN 978-986-508-073-0(平裝)

1.土地徵收 2.美國

554.48　　　　　　　　　　　　　　　　　　　　　　　109012134

有關本書中的言論內容，不代表本公司／出版集團的立場及意見，由作者自行承擔文責

遠足文化

讀者回函

遠足新書 13

超額徵收：都市計畫？或炒作土地、侵害人權？揭開區段徵收的真相

作者・羅伯・庫斯曼（Robert Eugene Cushman）｜譯者・賴彥如｜校訂・徐世榮、廖麗敏、蔡穎杰｜協助策劃・政治大學第三部門研究中心｜責任編輯・龍傑娣｜封面設計・徐睿紳｜排版・菩薩蠻數位文化有限公司｜出版・遠足文化 第二編輯部｜社長・郭重興｜總編輯・龍傑娣｜發行人兼出版總監・曾大福｜發行・遠足文化事業股份有限公司｜電話・02-22181417｜傳真・02-86671851｜客服專線・0800-221-029｜E-Mail・service@sinobooks.com.tw｜官方網站・http://www.bookrep.com.tw｜法律顧問・華洋國際專利商標事務所 蘇文生律師｜印刷・崎威彩藝有限公司｜初版・2020年9月｜定價・350元｜ISBN・978-986-508-073-0